フィンランドの高校生が学んでいる人生を変える教養

岩竹美加子

青春新書
INTELLIGENCE

はじめに

フィンランド独自の「人生観の知識」という授業

私の息子はフィンランドで生まれ育ったが、仕事の都合で保育園の1年と小学校の2年の合計3年、東京に住んだ。

3年生の時にヘルシンキの公立小学校に転校したのだが、しばらく経ったある日、「僕、宗教のクラス、いや」と言うのだった。フィンランドには、小学校から高校まで宗教のクラスがある。どんなことを教わっているのか聞くと、教科書を持ってきて見せてくれた。「今、やっているのはここ」という所を見るとイエス・キリストの教えについての物語が載っていた。「私だけを信じなさい。私の言うことだけを聞きなさい」とキリストが言ったという記述があり、違和感を感じた。

夫はフィンランド人で、普通に宗教的な環境で育った。普通に宗教的というのは、フィンランドで主流のルター派教会（フィンランドルーテル教会）を指す。特に母の信仰心が強く、小さい頃は日曜日の朝、両親と一緒に教会に行かなければならなかった。4人きょうだいの末っ子で兄と姉は行かなくていいのに、自分だけ行かされるのが嫌でたまらなかったという。18歳になると教会から離脱できるので、18歳の誕生日を待ちわびて、その日に離脱した。

息子は、両親が宗教的ではなく、家に宗教的なものもなかったので、学校で出会った宗教に違和感を持ったようなのだった。担任の先生にそれを伝えると、代わりに「人生観の知識」のクラスを取ればよいと言われた。その時、初めて「人生観の知識」という科目があることを知った。

その後、高校まで授業を選択していたので、時々教科書をのぞいていたのだが、書かれていることがとても面白かった。

フィンランドの学校には、「人生観の知識（Elämänkatsomustieto）」という選択科目がある。「人生観の知識」とは聞き慣れない言葉だが、宗教の代わりとなる科目として、小学校から高校まで選択することができる科目だ。

日本の公立学校では、戦後、宗教の教育が禁じられたが、フィンランドでは宗教は正規の科目である。キリスト教が中心になるが、ユダヤ教、東方正教、イスラーム教、ヒンズー教、仏教なども教えられている。宗教の教育は憲法と基本教育法に基づくものだが、１９２３年に設定された「宗教の自由法」もあり、宗教を信じない権利や強制されない権利も保証している。そのため宗教を持たない、宗教のクラスを取りたくない、あるいはキリスト教以外の宗教を信じる子ども等のために提供されているのが「人生観の知識」だ。

「人生観の知識」は、日本の道徳に相当する科目である。

しかし、日本の道徳よりもはるかに深く広い。また、目指すものも高い。自分自身の道徳を持ち同調圧力にゆるがないこと、自分らしく生きること、人との対話、良い人生、人権、批判的思考、民主主義、政治への参加などは繰り返し現れるテーマである。

日本では、2015年に道徳が教科化された。そこでは、ルールやマナーを学び、規範意識を育むことは重要な目的である。「主体」「対話的」「社会参画」などの言葉は使われているが、子どもの人権は制限されている。また、宗教の教育が禁じられている一方、宗教的なものが紛れ込んでいる。本書ではこうした違いを見て、考えていきたい。

「人生観の知識」が目指すもの

「人生観の知識」が取り上げる課題は幅広い。またアプローチも幅広く、分野横断的だ。従って、どういう問いを持つかを挙げるのがわかりやすいかもしれない。

最も基本的な問いは、「私とは誰か」「良い人生とは何か」「社会はどうあるのが良いか」「私たちは何を知ることができるか」などだろう。それらはシンプルな問いだが、深い問いでもある。

しかし、簡単に答えが見つかる問いではなく、次の問いへ、より複雑な問いへと広がっていく。答えを探すには深い思考や知識、つまり教養が必要になる。

一つの「人生観の知識」があってそれを学ぶのではなく、自分自身の答えを探すための視点を提供するのが「人生観の知識」である。

公式には、どう説明されているだろうか。

フィンランドの教育庁は、その目的を「宗教的な課題を非宗教的に学ぶ科目」としている。それは、後で見るように1980年代前半に宗教に替わるものとして「人生観の知識」が科目化された時の経緯にふれた説明と言える。

かつて宗教的な価値観と規範が、考え方や生き方を規定していた時代があった。しかし、宗教に規定されない考え方や生き方を求める市民の運動があり、学校が宗教に替わる科目を提供するようになったのだ。

しかし、「宗教的な課題」とはどんなものか、日本人にはわかりにくいかもしれない。

戦時中に宗教と政治が結びついた経緯から、日本の公立学校では戦後、宗教の教育が禁止された。学校で宗教を学ばない上、自分は無宗教と思っている人が多い。初詣で神社に行ったり、お葬式でお寺に行ったりなどはするが、それを超えて宗教に接する、また何が宗教的な課題なのか知るなどの機会はほとんどない。

「宗教的な課題」とはどのようなものか、本書を読み進めていくうちに、その一端を明かしていけたらと思う。「宗教的な課題を非宗教的に学ぶ科目」について知ることで、逆にどういう問いが「宗教的な課題」と繋がっているのかを知り、さらにその広さや深さも垣間見ることができるかもしれない。

「人生観の知識」は、脱宗教化された知識なのだが、根底ではキリスト教的な観点や問題意識、世界観を批判的に共有しているとも言えるだろう。


さらに教育庁は、「人生観の知識」という科目を次のように説明している。


「人生観の知識の出発点になるのは、すでに用意されたカリキュラムではなく、生徒が生きている世界とその現象である。自分の人生観をアクティブに形成、その根拠を内省し、それに影響を与えているファクターを分別する。同時に、政治的、科学的、哲学的、思想的、ポピュラーカルチャーや宗教など、様々な一般的な世界観を考える。

人生観の知識は多分野で、人類学、哲学、心理学、生物学、地理学、歴史、文化、アート、教育学、社会学、メディア研究、ジェンダー研究などから得られる視点を活用する。生徒は全体をつかみ、現象の間の繋がりを理解し、幅広く批判的な思考を発展させていく。

また、一般教養、判断能力、他人の尊重、会話、聞くこと、自分の表現を強化する。人権に根ざし、持続可能な将来の建設。社会的な存在として人を理解し、周りの現実を批判的に検証する能力、自由で平等、アクティブで倫理的な社会の一員として生きることが期待される」

ここには「人生観の知識」が目指す人間像が要約されている。

フィンランドには教科書選定制度はない

本書では、フィンランドの高校の「人生観の知識」のオンライン教科書を読み、紹介している。男性3人、女性2人の中堅の高校の先生5人が作った教科書である。

なぜ高校の教科書なのか。フィンランドでは、高校までにいかに学ぶかを学び、その後は自立した学習者として生涯学んでいくという考え方が基本だ。

「人生観の知識」は小学校から高校までの選択科目であり、高校での授業が最後になる。最長の場合、12年間学ぶのだが、その総仕上げともいえる教科書には何が書かれているのか見たいと思う。

教科書について少し説明すると、フィンランドに教科書選定制度はない。以前はあったが、

１９９１年頃に廃止された。日本では、先生が教科書を作るというのは考えられないことだろうが、フィンランドでは自治体や学校、教師の裁量が大きい。

また、フィンランドの小中高の教員は修士号を持っており、一定の専門知識がある。小学校の先生にも修士号が義務づけられたのは、１９７９年。その目的は、研究と教育を結びつけること、研究成果に基づいた教育を行うことである。逆に言うと、学術的知識に基づかない教育はしないことでもある。先生には教科書を作るような知識や見識があり、新しい研究成果にも目配りしていることは、ここで紹介する教材からも感じられる。

ただし、自由に教科書を作って良いわけではなく、教科書の内容と目的は教育庁が出す「教育計画の根拠」に沿っている必要がある。

フィンランドでも「教科書」という名称が普通だったが、最近は教材と呼ばれることが多い。つまり、教科書は様々な教材の一つとして相対化されたことになる。本書が紹介するのも教材と呼ばれているが、ここでは日本での慣習に従って教科書としている。

日本には、小学校から高校までの教科書を検定する制度があり、文部科学省（以下、文科省）

の検定に通ったものを使用する義務がある。しかし、諸外国を見ると、実は教科書のあり方は法律での規定の有無、学校での使用義務、国定・検定・認定制度の有無、自由発行、自由採択性、有償、無償、貸与など様々だ。

日本の教科書検定制度は、一字一句にもこだわり、細かい書き換えを求められることもある。特に問題になるのは歴史教科書だ。近現代史の解釈をめぐっては闘争や介入があり、どの出版社の教科書が採択されたかは、しばしばメディアでも取り上げられる。しかし、そこまで問題になるのは、教育が紙の教科書中心だからだろう。オンライン教科書であれば、より広い知の世界に開かれたものになる。

あたかも教科書に書かれていることだけが正しかったり、教科書が権威だったり、教科書中心の教育であったりする必要はなくなるだろう。そうすれば、教科書は様々な知のあり方を知るガイドになり、広くて深い知を相対化する役割も持つことになる。

日本では最近、タブレットに教科書を入れる小学校も増えたようだが、検定を受けた教科書をタブレットに入れただけで、他のネットの機能は大きく制限されており、タブレットを使う意味があまり感じられない。依然として、文科省が認定した教科書の中に閉じ込められた知識に留まっている。子どもは教科書とタブレットの両方を持ち歩くので、ただでさえ重いランドセルがさらに重くなるという問題もあるようだ。

教科書が提供するのは、開かれた知

オンライン教科書は、現在の問題や国際的な時事問題に柔軟に対応して追加や修正が容易く、先生にとって使いやすく教えやすいという利点がある。また、生徒にとっては、学校で学ぶことと現在の社会を理解することが直接繋がっていて、興味を感じやすいというメリットがある。教科書には新聞記事、ユーチューブ、大学や研究者のホームページやブログ、市民団体のホームページ、またこの教科書のために集められた教材など様々なリンクが貼られており、教科書の中で完結する知識ではなく、世界に開かれた知を提供している。

教科書が完結したものではないことは、本書の執筆中に内容の追加や課題のスタイルの変更などがあったことからも感じられる。

特に高校でオンライン教科書が広がっているのは、フィンランドがあらゆる側面において、デジタル化の進んだ社会だからだろう。教育や教科書は社会の一部なので、それに対応したものになる。逆に言うと、紙の教科書では社会で起きていることや世界の動きに充分対応できないということでもあるだろう。

本書では、フィンランドのステュデオ社が出している高校の「人生観の知識1　私と良い人生」と「人生観の知識2　私と社会」の中から一部を見る。

ステュデオは、「私は学ぶ」「専心する」などを意味するラテン語で、小学校から高校までの全ての教科のオンライン教科書を作っている会社だ。

続くシリーズのタイトルは「3　文化」「4　観点」「5　宗教と無宗教」「6　将来」。2022年から2023年に改訂版が出された。これらのタイトルと内容の大筋は、フィンランドの教育庁が2019年に出した「高校教育計画の根拠2019」に従っている。

また、これらのテーマは高校だけではなく、小中学校の授業でも中心となるもので、「人生観の知識」の重要な課題として子どもの成長に合わせて繰り返されている。つまり、この科目を選択した子どもは最長の場合、12年にわたって、こうした課題を学び、考えることになる。

柔軟に学び、対話する

本書を書くことをステュデオ社に伝えると、5年間有効の生徒用アカウントをくれた。ログインして使うことができるのだが、使い勝手の良さに感心した。まず、そこでクラスへの登録ができる。テキストには、カラーマークやメモができる。自分のメモは「全てのメモ」というページで、まとめて読むこともできる。各章の課題を提出でき、先生からのコメントを読め、自己評価も書き込める。グループでの話し合いや活動を共有でき、互いに評価しあえる。課題にはビデオなどを添付して提出できる。

数学、物理、化学以外の教科書は聞くこともできるので、パソコンの前に座り続けていなくても良い。読むことと聞くことという、異なる学びの形が可能だ。ＰＤＦファイルにしてダウンロードし、印刷もできる。

また、興味深いのは自習したいと思う生徒へのメッセージがつけられていることだ。

在学はしているが、自分のペースで学びたいなど様々な理由で、クラスに出ないで履修する生徒がいる。それについて、他の生徒との会話や対話が必要なので、自習する生徒が他にもいたら、一緒に会話や対話をするのも良いとしている。もし、自習のためのアドバイスがあったらフィードバックして欲しい、と結ばれている。

「人生観の知識」は対話を重視するのだが、自習を認めるのは学びの形に柔軟性があることの一つの例だろう。また、自習者だけではなく生徒全員からのフィードバックが期待されている。

学びは一方的ではなく、先生が生徒に教えるだけではない。先生も学ぶというスタンスが示されている。

２０２２年11月に、このオンライン教科書の著者の一人、ヤニ・ティーリカイネン先生の「人生観の知識」のクラスを見学することができた。ヘルシンキ近郊の市立高校である。その日のテーマは「良い人生」だった。それについては、第２章に書いている。

本書が紹介するのは、「人生観の知識」という科目のほんの一部である。この科目を覗き見ることは、フィンランドの教育の思想と実践の一端を知ることであり、フィンランドという社会やその基盤をなす価値を知ることでもある。さらに、それは日本の教育と社会との違いを照らし出し、考える視点も提供するだろう。

本書は、３章から成る。

第１章「フィンランドの子どもたちは『いかに学ぶか』を学ぶ」では、フィンランドの教育について概観し、日本の教育との違いを説明する。

第２章は、高校の授業見学から始まる。続いて、「人生観の知識」の教科書「１　私と良い人生」と「２　私と社会」の中から、トピックを選んで紹介している。

第３章では、日本の道徳教育の考えを概観し、考察する。日本では、２０１５年に「小中学校の学習指導要領等」が一部改正され、それまで教科ではなかった道徳が教科化された。

また高校の道徳は、2018年の高等学校学習指導要領改訂によって、公民と呼ばれるようになった。「小学校学習指導要領解説」（2017年）「高等学校学習指導要領解説　公民編」（2018年）「生徒指導提要」（2022年）などから日本の道徳教育のあり方を概観し、フィンランドとの違いを考えている。

『フィンランドの高校生が学んでいる
人生を変える教養』**目次**

本文デザイン…黒田志麻
DTP…キャップス
校正…東京出版サービスセンター

第1章

フィンランドの子どもたちは「いかに学ぶか」を学ぶ

フィンランド教育を支える3つの原則

「人生観の知識」に入る前にフィンランドの教育全般について手短に説明したい。フィンランドの教育は、とてもシンプルな原則の上に成り立っている。それは平等、子どもの権利、ウェルビーイングの3つに要約できるだろう。その原則がどういう形となって現れるか、見ていこう。

教育庁と各自治体の教育計画のはじめに必ず書かれるのは、「性別、年齢、民族的出自、国籍、宗教、信条、思想、性的指向、病気、障がいによって異なる扱いをしてはならない」ということだ。「異なる扱いをしてはならない」というのは、平等でなければならないこと。いかなる理由によっても、差別をしてはならないということだ。重要なのは、それはフィンランド憲法第6条「公平」の規定、さらに国連の世界人権宣言第2条の規定とも同様であることである。こうして、学校が国内的・国際的な正義と繋がっている感覚は日本にはないものだろう。日本の学校では、差別を区別と言い換えて正当化することがあるが、フィンランドの学校では差別は差別であり認められない。

また、教育庁と各自治体の教育計画には「一人ひとりの子どもは、あるがままでかけがえがない」ことも、必ず書かれている。そこにはキリスト教的な感覚があるだろうが、子どもに対する肯定的で温かい眼差しに胸を打たれる。

平等思想を最もよく表すのは、教育が無償なことである。就学前教育（小学校入学前の1年間）から小中高、大学まで学費は無償。小学校から高校までは教材と給食も無償だ。2021年までは、高校の教材は保護者が購入していたが、同年に高校まで義務教育化されたことに伴って、教材も無償化された。保育園は収入に応じた費用を払うが、朝食とランチ、おやつが出る。

無償の小中学校の給食は、戦後間もない1948年に導入された。最近、東京都の小中学校では、給食無償が広がっているが、日本で実現している自治体は多くない。また、公立保育園では、約4割がご飯などの主食を持参させているという。

フィンランドで教育無償の原則は徹底しており、日本の学校にあるような入学金、学級費、教材費、実習材料費、家庭科キット、算数セット、絵具、ハーモニカ、習字道具、遠足費、修学旅行の積立金、卒業アルバムなどの出費も一切ない。また制服はなく、体操服や靴なども学校指定のものはない。自分の服や持ち物を使っている。日本では、学用品を揃えるために小学校で3～4万円、中学では10万円近い出費が必要とされるという。

日本で幼稚園から大学卒業までにかかる子ども一人の教育費は、国公立に進学しても1000万円、全て私立の場合は2000万円と言われる。費用の差は教育の質の差でもある。一般的に言って、公立学校よりも、私立学校の教育のほうがきめ細かい。それはアメリカやイギリスと同様のシステムだが、フィンランドから見ると、それは不平等で不公平な教育であり、社会である。

フィンランドでは、公立学校が全体の約98％を占めるのも特長だ。私立学校は少数あるが、そこでも教育費は無償である。保護者が寄付することはある。基本教育法第7条によって、私立学校が利潤を得ることは禁じられている。

教育無償の目的は、家庭の経済状態や文化資本の優劣にかかわらず、全ての子どもが平等に教育を受けられること、平等な出発点を提供することである。貧困が子どもの可能性を奪ってしまうこと、子どもの教育や進路、将来に影響を与えてしまうことをフィンランドはとても嫌う。貧富の差が教育格差を広げ、それが貧困を再生産する連鎖にならないよう配慮されている。

フィンランドで無償の教育は、1960～70年代以降進められた。18歳以下の子どもの医療費無償と並ぶ、子どもの社会保障政策の柱であり、子どもと親のウェルビーイングを進めようとするものだ。一方、日本国憲法第26条第2項は「義務教育は、これを無償とする」と規定しているのだが、全く守られていないのが現状だ。

日本で無償なのは親と子の勤労活動である。子どもが雑巾やタワシ、箒、チリトリで教室やトイレの掃除をする。母親が雑巾を作って提出し、教室のカーテンを洗い、校庭の掃除をする学校も多い。子どもには給食当番があり、持ち帰ったエプロンを保護者が洗い、アイロンをかけて学

教育機関に対する総支出のGDP比

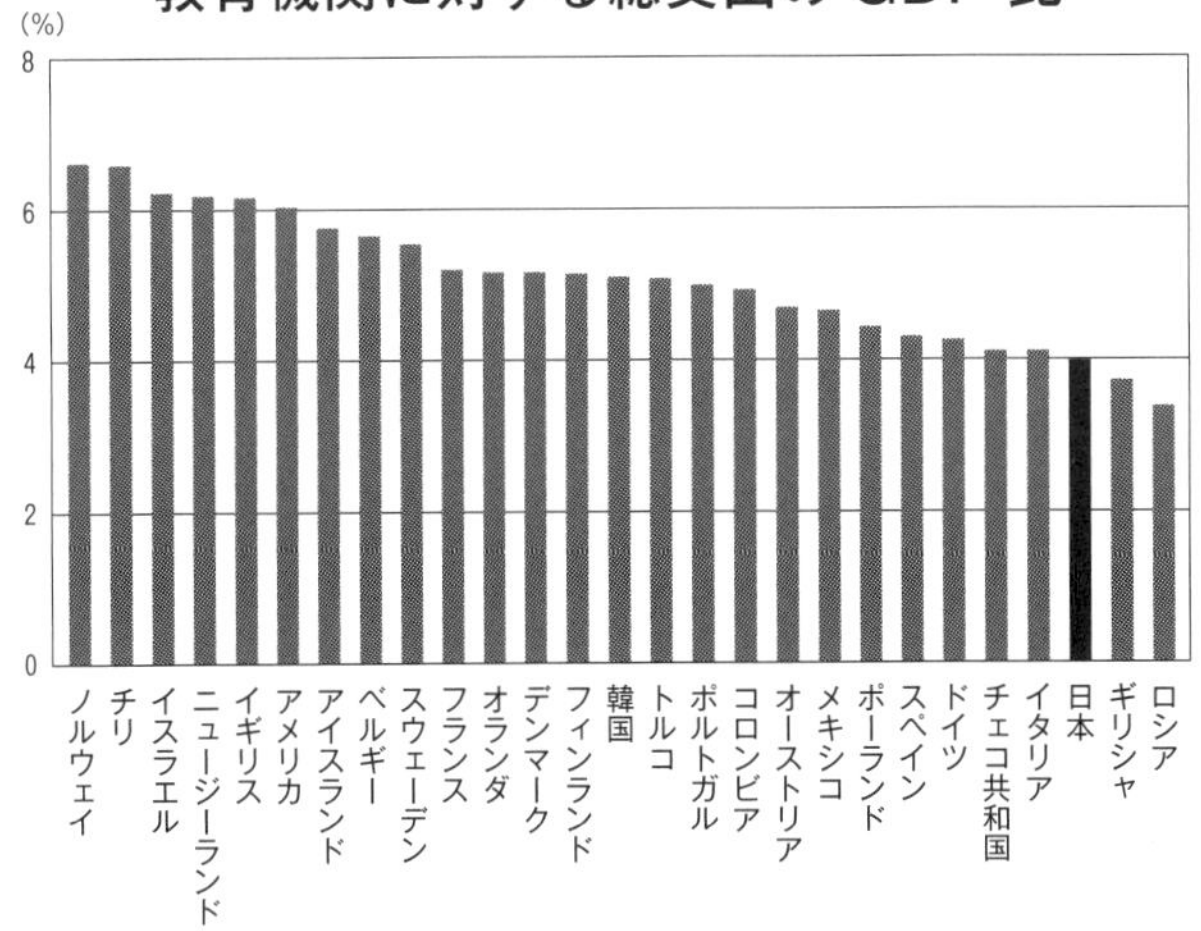

『OECD Education at a Glance 2022』を元に作成

校に持参する。子どもの給食当番では、衛生的な管理と配慮が充分ではないだろうが、母と子の勤労によって行政が負担すべき経費を節約している。

フィンランドでは、学校の掃除や給食の配膳は自治体の仕事だ。掃除は、清掃会社と契約し自治体が出費している。使う道具も現代的だ。給食は教室の自分の机でではなく、食堂でビュッフェスタイルによって提供される。学校にかける公的費用の差が、こうした違いになっている。

近年、フィンランドは小中学校校舎の建て替えを進めていて、建築的にも面白いものが多い。一方、日本では校舎の老朽化が進んでいるが、建て替えの動きはない。２０２１年度には全国の公立小中学校などで、外壁や部品の落下などの問題が計２万２０２９件あった。学校は物理的にも安全で快適な環境を提供していない。

日本は、教育費の公的支出がＯＥＣＤ諸国の中で、毎年最低か最低レベルである。ＯＥＣＤによると、各国が教育に投資する理由は、それが経済成長を促し、生産力を高め、人と社会の発達に貢献し、不平等を減らすから。日本の教育費の少なさは、こうした側面からも疑問を感じさせるのである。

日本では、教育費が高いので進学を諦める子どもも多い。最近は、自治体が授業料を無償化する話を聞くようになった。例えば東京都は２０２４年度から「授業料無償化」を始めるという。しかし、高校、都立大学、私立中学などで条件が異なっていて複雑だ。つまり、平等の原則はなく条件付きの「授業料無償化」である。また、日本では入学金や制服費、修学旅行費など授業料以外の支出が多いので、実際にどれだけ負担が緩和されるかは疑問のようだ。

また、「授業料無償化」の制度自体が複雑でわかりにくい上、申請する必要がある。フィンランドでは、大学まで無償の教育が全ての子どもと人に保証されていて、申請する必要がないので楽だ。さらに、無償化の目的も異なる。東京都の「授業料無償化」は少子化対策として発案されているが、フィンランドの教育費無償は少子化対策という行政の狙いによって発案されたのではない。前述したように、全ての子どもに対する社会保障とウェルビーイングを目的として始められたものだ。

きめ細やかな教育ができる理由

フィンランドではクラスのサイズが小さく、小学校から高校まで20～25人程度が普通だ。小中学校では1クラスに先生が2人、アシスタントが1人程度ついて、さらに小さなグループに分けて教えることが多い。クラスには読書障がいがある、算数が苦手、外国出身でフィンランド語があまりできない等、様々な子どもがいる。どういうニーズがあるか、支援が必要かなど一人ひとりについて、親の意見も聞きながら教育計画を作る。そうして、きめ細かい学習支援がされている。こうした支援は「学習のケア」とも呼ばれ、小学1年生から提供される。

2019年のOECDの報告によると、フィンランドでは、生徒1人あたりの先生の数が特に中学で多く、生徒9人に対し先生1人である。OECD諸国平均では13人なので、その中でも低い方だ。一方、2020年のOECDの報告で、日本の公立小中学校では1学級あたりの生徒数は、最多である。

日本の都市部では、少子化によって1クラスの人数は減っているが、制度としては40人学級が続いてきた。最近は、小学校で1クラス35人が段階的に目指され、実現しつつあるようだが、それでも多すぎだろう。また、中学では依然として、40人以下が標準とされている。

ペダゴジーが重視されていることも日本との違いだ。ペダゴジーは教え方の方法や方法論を指し、それ自体が進化を続ける学問分野でもある。フィンランドでは、小学校の先生になるには大学でのペダゴジー履修が求められている。子どもの教育は誰にでもできることではなく、しっかりした方法論の知識が必要なためだ。オンライン教科書とそれを使う授業もペダゴジーの一つである。

日本では、教科教育学と呼ばれる分野がペダゴジーに近いかもしれないが、どの程度、実際の教育で使われているだろうか。日本の学校に明確なペダゴジーはなく、繰り返し学習や暗記、叱責、集団主義教育などがその代わりになっているようだ。最近、日本では教員不足が深刻になり、教員免許を持たない社会人や大学3年生でも学校で教えられる自治体もある。教育の質の低下をもたらしかねないことが懸念される。

こうした状況の中、日本の文科省は最近「多様な子供たちを誰一人取り残すことなく育成する個別最適な学び」を提唱している。「個別最適な学び」とは、「主体的・対話的で深い学び」の実現のために「ＩＣＴ環境を最大活用し」、生徒一人ひとりの理解力や個性に応じて最適化させた学習を意味する。大きな変化が起きているように聞こえるが、クラスの人数を減らす考えはない。

実は、「個別最適化」は「産学官連携」体制によって教育産業としてビジネス化したり、税金から収益を得る巨額の市場を創出したりする意図を持っている。例としては、文科省のＥｄＴｅｃｈ（科学技術を活用した教育）やＧＩＧＡ(Global and Innovation Gateway for All)

スクール構想、また東京都教育委員会の体験型英語学習施設（Tokyo Global Gateway Green springs）、高校受験での英語スピーキングテスト（ＥＳＡＴ－Ｊ）などがある。

教育産業のビジネス化や新自由主義的な教育は、フィンランドの教育とは全く異質なものだ。平等や無償、少人数クラス、ＩＣＴ環境など基本的な条件は整わないまま、教育の産業化を進める日本は、どこに向かおうとするのだろうか。

校則はなく、服装も自由

日本では、髪型や下着の色、靴下の色、スカートの長さまで細かく規定する校則がある。寒くてもコートを着てはいけない、タイツを履いてはいけない、学校から帰宅後、午後4時までは自宅から外出してはいけないなど驚くような校則もある。最近は「ブラック校則」として問題化され、生徒が取り組む校則の改訂が話題になる。「全国校則一覧」というサイトが作られ、様々な「ブラック校則」を検索することもできる。

一方、フィンランドの学校に日本のような校則はない。子どもを一人の人として尊重すること、子どもが自分の身体について決定権を持つことは当然のことだからだ。後で見るが、子どもの権利の視点からも、大人による校則の押し付けは不適当である。

フィンランドの学校では18歳以下のタトゥーは禁止されているが、アクセサリーやお化粧なども含めて自由だ。様々な装い方を試みること、自分の身体のあり方を経験すること、装いを通じて自分を表現すること。それらは全て、自分であることの一部だ。

学びに集中できる環境

フィンランドの学校のその他の特長として、学校行事が少ない、入学式も運動会もない、卒業式はあるが、その練習はないことも挙げられる。付け加えると、子どもを1列に並ばせることもほぼない。これは、実は息子が「日本の学校では、よく1列に並ばされた」と言ったことから気づいたことだ。フィンランドで、子どもはバラバラと集まって、バラバラと居て良い。事あるごとに子どもを1列に並ばせるのは軍隊式だ。日本の学校行事は、集団行動のための鍛錬の意味が大きい。一糸乱れぬ卒業式や運動会を目指して、練習が繰り返されるのはそのためだ。また、「小学校学習指導要領」には、学校行事について「厳粛で清新な気分を味わう」と書かれている。どういう感情を味わうかまで規定されているのだ。

また、フィンランドには部活や教員の過重労働もない。こうして書くと、ないことだらけのように聞こえるが、不要なものが一切ないシンプルさは快適だ。

日本の学校は本質的な学びに関わることが少ない一方、子どもに対する介入がとても多い。フィンランドの学校は逆で、学びの質が高い。また些末なことに煩わされ、成長期の貴重な時間や繊細な感情を削られることなく過ごせる場所である。

日本では文科省以下、行政が「学校、地域、家庭」を標語のように使ってきているが、フィンランドには教育に関して地域という概念はない。教育に関わるのは学校と家庭であり、その2つの協働が重視されている。日本の「地域」は、高度経済成長期を経て70年代頃に出現した概念で、「地域の危機と再生」という枠組みで使われてきた。現在は、「地域の意見を聞いて」「地域と協力して」「地域ぐるみで」などの表現をよく聞くが、具体的に地域が意味するのは、隣近所の人や町内会、自治会、ＰＴＡ、青少年教育委員、コミュニティスクールなどである。

「地域」は、行政が用意し介入する仕組みであることが多い。日本では、公費を節約しつつ同調圧力を増す「地域」が教育に利用される傾向がある。一方フィンランドでは、教育に関わるのは専門知識を持つ人である。専門知識を持たない地域住民が、教育に関わることはない。

学力テストや偏差値はない

フィンランドの学校には、学力テストや偏差値がないことも特長だ。そもそも、日本のような「学力」という概念がない。学力は、「学習を通じて獲得した知識」「学校の教科の授業を通じて獲得された能力」と説明される。しかし、フィンランドの教育が目指すのは「学習を通じて獲得した知識」というより、いかに学ぶかを学ぶことであり、その違いは大きい。学力テストなどでは測ることができないことが、重視されているのだ。

学力テストや偏差値は、子どもに競争を課すものだが、競争と学ぶことに本質的な関係はない。もちろん子ども同士の遊びやスポーツで競争すること、楽しむことはあるだろうが、大人が介入して子どもを競争させるのは好ましくない、とするのがフィンランドの教育の考え方だ。それは、子どものストレスや攻撃性を増したり、あるいは自分はダメだと感じさせたりするからである。競争や効率、経済性は新自由主義がもたらすものだ。新自由主義は世界的な潮流であり、フィンランドの教育にも影響を与えている一方、それを嫌う傾向が強い。

フィンランドでは、評価の方法として自分自身で評価するという方法が取られることが多い。ある課題について、自分の目的を設定し、終わった時にどれだけ達成したかを自分で評価する。また、グループである課題に取り組む時は、そこに参加した児童が評価するという方法だ。しかし、先生による評価も必要なので、学年の終わりには10段階の成績表が渡される。

日本では3～5段階で先生によって評価されるようだ。

また、生徒個人について偏差値という考え方はない。偏差値は、テストを受けたグループの中での自分の位置を示す数字だ。例えば100点満点で90点を取って「良くできた」と思っても、同じ点数を取った子どもが多かった場合、偏差値は下がる。自己肯定感を挫くようなシステムでもある。しかし、子どもの能力は多様で、偏差値で測ることはできない。フィンランドの教育で、そうした数値化は意味あるものと考えられていない。

塾も受験もない

フィンランドに塾はない。学校が充分な教育を提供するので、必要がない。また、勉強だけではなく遊びや休息、睡眠とのバランスの取れた生活が重視される。日本のような受験がないことも、塾がない理由だろう。フィンランドは小中一貫で、高校入学は同じ自治体、または隣接する自治体の希望校に出願する。選考の基準になるのは中学の成績で、基本的に受験はない。例外は、音楽高校を希望する場合などで、実技などの試験がある。大学入学には試験があり、そのための勉強はするが、日本のような受験勉強はない。

一方、日本では受験のため、あるいは学校教育の不充分さを補うために塾に通う子どもが多い。学校が終わると夜遅くまで塾で過ごし、学校と塾の二本立てが起きている。それは、公教育の意味と機能を疑わせるものでもある。また、勉強ばかりの生活になって、遊ぶ時間や睡眠時間、何もしないでいる時間を失ってウェルビーイングに欠ける生活スタイルである。

最近、日本では大学入試が多様化して、推薦や総合型選抜（旧ＡＯ入試）が増え、一般試験での大学入学者は5割を切ったという。その反面、特に東京で中学受験が増えている。つまり、受験の低年齢化が起きていて、小学生が良い私立中学入学を目指して猛勉強している。

受験は産業であり、ビジネスでもある。学ぶことや知ることの喜びとは関係ないことに、親も子も心身を削っているのだ。

高校卒業のほうが、大学入学より意味を持つ

フィンランドで全国的な試験は、高校の卒業試験と大学の入学試験だけだが、そのための勉強をする期間は短い。どちらも数ヶ月程度が普通で、日本の受験とは異なる。ただし、最近は志望者が増え、試験に合格して入学を認められるのは難しくなっている。何度かトライする、希望の学部を変える、留学するなどのケースが増えているようだ。また、医学部は入学が難しく、スタディグループを作って1年程度、共に勉強することは多いようだ。

面白いのは、高校卒業の方が大学入学よりも重要で、社会的にも大きなイベントであることだ。高校卒業試験は年に2回、3月と10月にあり、上手くいかなかった場合など、3回まで受けることができる。また、受ける科目と科目数は全員同じではなく、自分で決める。これは、日本では考えられないことではないだろうか。最低4科目受ける必要があり、6科目程度選ぶことが多い

ようだが、中には10科目近く受ける強者もいる。試験の結果は、ラテン語の名前を付けられた7段階で評価される。ラウダトゥーリ、エクシミアなど格調高いひびきの名前だ。

3月の試験とその結果は必ずニュースで報じられ、話題になる。例えば、ラウダトゥーリを8つ取った生徒がいたなど報じられて、報道からも若い世代への希望や期待があふれ出る。高校卒業試験は、人生の通過儀礼であり大人への門出とも重なる。高校卒業は18歳頃になるが、18歳は成人となる歳で、保護者の扶養義務が終わる。18歳は地方選挙と国会選挙の選挙権と被選挙権を得る歳で、法的にも大人になる。それまでに学んだことを糧として、自分で考え、良識ある大人として生きていくことが期待され、祝福されるのだ。

フィンランドの学校や大学に入学式はないが、卒業式はある。5月の終わりか6月初めが多く、高校の卒業式の後は、親が親類や友人を招待して自宅でパーティを開く。北欧の美しい夏の始まりの時期、心浮き立つイベントだ。

フィンランドでは、必ずしも高校卒業後すぐに大学に入学するわけではない。高校卒業後、何をするか、大学に入学するとしたら、それはいつ入学する等は、成人後のことになるので親はほとんど関わらない。そのため高校卒業のパーティは、保護者が子どものために行う最後のイベントになる。大学入学は、それに比べると地味な出来事である。

「どの大学を出たか」は重要ではない

平等を重視する立場から、フィンランドは学校格差を嫌うので、日本のような明確なエリート校や名門校はない。ただし歴史的に古い、高級住宅街にあるなどの理由で、日本風に言うとエリート校のような小中学校、高校はいくつかある。また春の高校卒業試験の平均点は、10点満点に換算されて毎年公表される。それは、高校の偏差値と言えるが、恒常的な学校の序列化は、日本のようにはされていない。

日本には名門幼稚園や小中学校、高校があり、有名な高校や大学を卒業するとエリートとみなされる。フィンランドは社会格差を嫌うので、学校を巡るヒエラルキーは弱く、出身校は、エリートと非エリートを分ける体系になっていない。

フィンランドでは、どの高校や大学を出たかはそれほど重要ではない。学校名や大学名ではなく、何を学び、どう生きていくかの方が重視されている。また「学歴」が意味するものも異なる。日本の学歴は、学校名を指す。しかし、フィンランドで学歴は学校名ではなく学士、修士、博士などの学位を指す。フィンランドは高学歴化しており、会社勤務や政治家でも修士以上の学位を持つ人は多い。日本を学歴社会と思っている人は多いが、実際には学校名社会である。また、有

**高等教育機関（大学・短期大学等）
入学者の平均年齢**

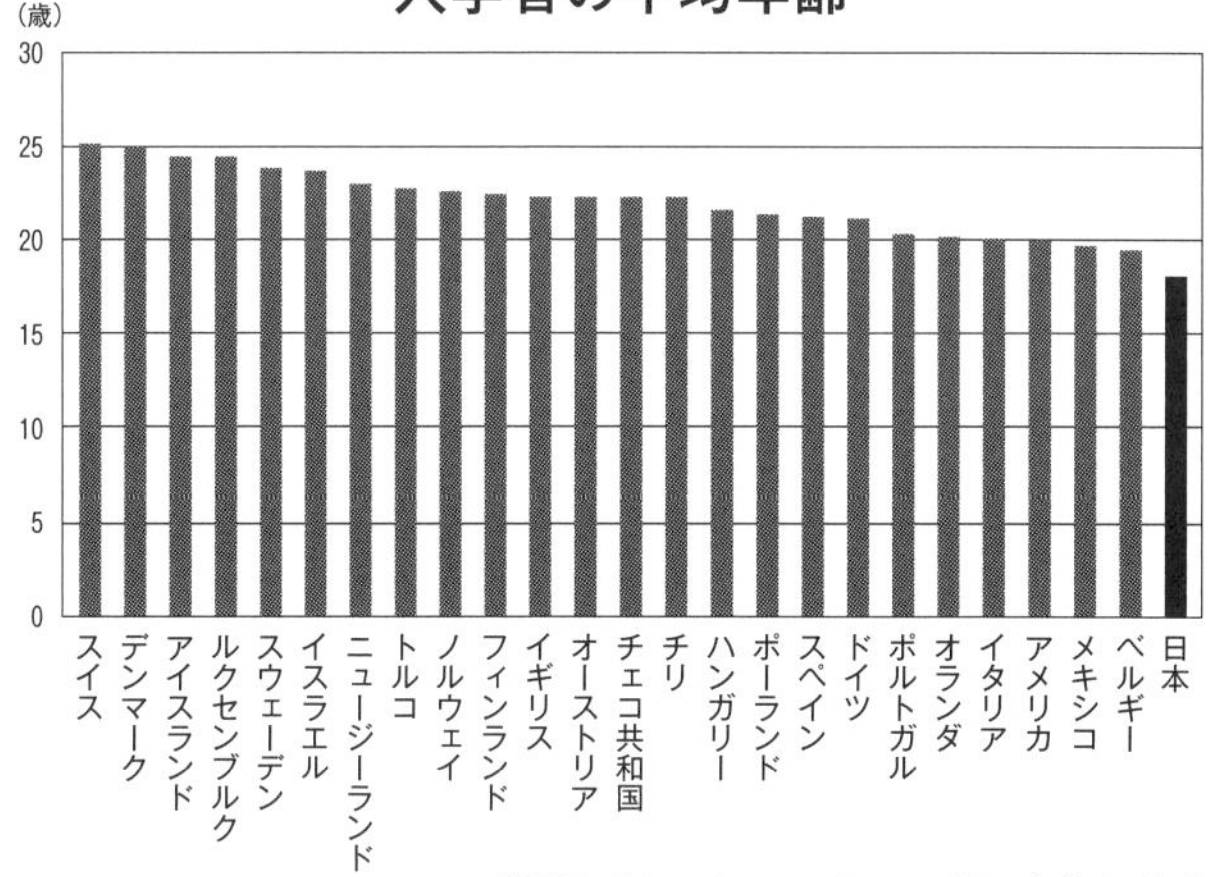

『OECD Education at a Glance 2017』を元に作成

名4年制大学を出ると高学歴とされるが、国際的に見れば学士は「低い高等教育」であり、低学歴とも言える。多くの分野で少なくとも修士が求められるようになっていて、高学歴というのは修士以上を指す。

一方で、教育を若い時に限らないのもフィンランドの特長だ。日本では、高校卒業後すぐ大学に進学するのが普通で、大学は10代終わりから20代初めの若者だらけだが、それは国際的に見ると一般的なことではない。

２０１７年のＯＥＣＤの調査で、日本の大学入学者の平均年齢は18歳、最年少である。

フィンランドでは、２０００年代初めまで大学入学者の平均年齢は20代後半だったが、それは国際的に見て遅いことに気づいた。そのため、あまり年数を置かずに大学進学することが奨励されるようになり、最近の大学入学者の平均年齢は23歳に下がった。とは言っても、それは日本では大学を卒業し、就職している年齢になる。

フィンランドには、高校卒業後すぐ大学進学、大学3年頃に就職活動開始、卒業後すぐ就職といったシステムがない。いつ大学に行くか、どういう順序で生きるかは、自由な社会である。ただし、国際的な競争が激化しており、政府は大学進学を希望するなら、高校卒業後、あまり間を空けずに大学に入学することを奨励するようになった。こうした変化は、経済効率を重視する新自由主義の影響を示している。

大学は自立した学習者のためのもの

フィンランドの大学は、日本の大学と違って、とても緩やかな機関である。建築的にも、門があったり、壁で囲まれていたりするわけでは必ずしもなく、街中に他の建物と混ざっていることが多い。また1年生、2年生、3年生、4年生という区分がなく、それぞれの学年用のクラスもない。自分の都合やスケジュールに合わせて、いつ何を取るかを決めるのが普通だ。ただし、日本に比べると提供されるクラスの数は少ない。4年生で卒業するという決まりもないが、最近は、入学から6年以内に学士を取得することが奨励されている。

フィンランドの大学は、高校までにいかに学ぶかを学んで身につけ、その後は自立した学習者として学んでいくという考え方が基本になっている。歴史的に、大学は修士を取得する場所だった。学士も出すようになったのは、2000年代初め頃からである。従来、修士取得までに年数がかかりすぎていたこと、諸外国では学士も正当な学位として認められていること等がその理由だ。

就職という概念はない

フィンランドには、日本のような「就職」という概念がない。日本の就職は新規学卒一括採用が普通だが、実はそれは世界でも珍しい制度である。日本で大学の卒業は年に1度の3月であり、その後、間を置かず一括採用になる。また、「青田刈り」と呼ばれる慣習があり、大学3年生で就職活動を始め、勉学より優先せざるを得なくなることも多い。

フィンランドの大学は、必要な単位を取り論文が受理されれば修了となる。卒業式に出たい人のために卒業式は行われているが、必ずしも全員が出るわけではない。その頻度は年に1度、2度、あるいは毎月など大学によって異なっている。大学は就職の紹介や斡旋をしないので、学生はオンラインなどで個人的に仕事を探すことになる。最初から正規のポジションに就くことは少なく、いくつかの仕事を経験してから、正社員のポジションを見つけていくことが多い。

社会人という概念もない

日本では、学校や大学を卒業し就職すると、「社会人」になるが、フィンランドには「社会人」という概念はなく、学生を終えて社会人になるという考え方もない。学校や大学も社会の一部であり、そもそも人は、生まれ落ちた時から死に至るまで社会の中で生きている。「社会人」というのは、実は奇妙な概念なのだ。

日本では学生と社会人が二分されていて、卒業し就職すると学校とは離れ、学ばなくなることとも関係があるだろう。しかしフィンランドでは、職業経験を経て30代、40代になって修士や博士を取るために大学に所属し、論文を書く人は珍しくない。「学校」と「社会」は分かれておらず、行き来できる生き方とも言える。

学生と社会人が二分されていないのは、学び続けて自分を高めていく生涯学習が重視されるからでもある。それは、修士や博士に限らない。大学は、「夏大学」や「オープン大学」という名前で様々な講座を提供している。また、「大人の高校」と呼ばれる成人のための高校教育に加え、職業学校や自治体、教会が提供する成人教育の講座で学ぶこともできる。学校をやめてしまったり、中断したりした過去があっても、年齢にかかわらず学びなおす制度があるのは、一度レールから外れると、やり直しがしにくい日本との違いだ。

日本では最近、「リカレント教育」や「リスキリング」が提唱されるようになったが、仕事への還元が重視されていることが、フィンランドの生涯学習との違いだろう。フィンランドでは仕事への還元だけではなく、異なる業種への転職も目的となる。最も大きな違いは、教養が常に重視されていることだろう。教養は、小中学校の教育計画がすでに強調していることであり、高校や大学、成人教育にも一貫している。フィンランドの教育で、教養主義は一つの柱であり、それは「人生観の知識」でも濃厚だ。

日本で、学校と社会は切り離されているかのように知覚されているのは、しばしば学校が法の支配が及ばない「治外法権」と言われることとも関係しているだろう。例えば、日本では「体罰」という名による、教員による暴力や傷害事件が多い。学校の外では法的問題として刑事罰を受けるような暴力であっても、学校では犯罪化されず、数ヶ月の停職や辞任で済まされてしまう。

フィンランドでは、学校と家庭での子どもへの体罰は１９８３年に禁止された。学校にも家庭にも社会にも同じ法律が浸透していて例外も治外法権もない。平等の考えを取ってみても、それは憲法や基本教育法、公平法、男女平等法などが規定していることであり、社会全体の原則として一貫している。学校も当然、その中に位置付けられるのだ。

国主導で貧困の再生産を阻止する

フィンランドでは学費が無償なことは説明したが、それに加えて、学習者に対して親の収入や経済状態とは関係なく国からの金銭的援助があり、その対象は幅広い。手短に見てみよう。

公的な金銭的援助は、給付型奨学金、学習ローン、家賃補助の3つから成る。家賃補助は、日本では生活保護としてネガティブに捉えられる傾向が強いが、フィンランドでは最も一般的な社会保障の一つで受給者は多い。

給付型奨学金が得られるのは、高校や職業学校など中等教育、また大学や応用科学大学などの高等教育で学ぶ人。それに加えて、成人が中学や高校で学ぶ場合にも得ることができる。金額は、条件によって異なる。未成年の子どもがいる、結婚している、18歳で一人暮らし、17歳以下で一人暮らし、19歳以下で親と同居、20歳以上で親と同居などの条件である。18歳で成人し、親の扶養義務は終わるが、その前に何らかの理由によって親と離れて暮らす人、成人後も親と同居する人などが想定されている。しかし、こうした分類は、日本的な感覚からはわかりにくいかもしれない。フィンランドには様々な社会保障があり、自助、共助ではなく国による公助が基本になっている。

もう一つの金銭的援助として学習ローンがある。それは返済する必要があるが、学業を長引かせず、標準的な勉学期間プラス2年以内に、目標の学位を修了すると税額控除になるなどの優遇策がある。例えば、学士なら6年以内、修士は4年以内に学位を取った場合だ。ただし、2023年に発足した政権は緊縮財政を進めていて、家賃補助を減らすなどしている。

ここで日本を見ると、状況はとても異なる。最近、「親ガチャ」という言葉をよく耳にするようになった。親は選ぶことができず、親の経済的状態によって将来の方向が決まってしまうことを指す。経済的な余裕があって私立学校に通ったり、様々な習い事や旅行もできる家庭か、経済的な余裕のない家庭かによって、子どもの人生に大きな差が出てしまう。

日本で、子どもの扶養義務は18歳で終わることなく続くが、公助が少ない。また、親が生活保護を受けている場合、夜間を除いて大学、短大、専門学校進学は認められていない。大学進学は、「贅沢」とみなされるためだ。大学などに進学した子どもは、生活保護支給の対象にならず、自立して生活しなければならない。その場合、親とは住民票を分けて世帯分離をする必要があるが、生活は容易ではない。また、子どもが世帯分離をすると、家族が減るため親の生活保護受給額も減らされてしまうのだ。

そうしたことから、生活保護を受けている世帯では、大学・短大・専門学校への進学率が低くなる。2020年度の大学・短大・専門学校への進学率の全国平均は全世帯の73・4％だが、生活保護世帯では37・3％と半分以下だ。また、地域差が大きい。生活保護世帯の進学率は、大阪府や東京都がトップで20年度は40％以上だが、最下位の長野県は11・1％。格差は4・1倍と大きい。

日本には、貧困世帯の子どもが教育を受けにくく、暮らしにくくする制度があるのだ。貧しいから支援を受けるのではなく、進学を諦めるというのは、あってはならないことではないだろうか。全ての子どもに平等な出発点、また貧困を再生産しないために無償の教育を提供するフィンランドの制度が、いかに優れたものであるかを実感できる。

子どもの権利は大人の義務

ここまでは、平等に関わるフィンランドの教育の諸相を見てきた。平等と並ぶフィンランドの教育の特長は、子どもの権利である。直接的には国連が1989年に定め、フィンランドが1991年に批准して発効した「子どもの権利条約」がある。それは、教育庁と自治体の教育計画で必ず述べられるが、その前に必ず置かれる文言がある。それは、「フィンランドは、全ての子どもの学習とウェルビーイングへの配慮を義務付ける、複数の国際的な人権協定を遵守している」である。つまり、フィンランドの教育計画は、まず国際的な人権協定に準拠していることが示される。中でも重要なのは、国連の人権宣言である。

そして、次に言及されるのが国連子どもの権利条約だ。

「国連子どもの権利条約に沿って、子どもに関わる仕事をする者には、次の原則を守る義務がある。それは、子どもの利益を第一とすること、公平であること、子どもが守られ、ケアされ、発展していく権利である。さらに、参加する権利は、子どもが意見を表明する権利と、それが聞き届けられる権利である」と書かれている。

子どもの権利条約は、差別されない権利、健康に生きる権利、思想・良心の自由の権利、知識を得る権利、休息・遊び・余暇・芸術・文化的生活への権利、暴力・ネグレクト・搾取・虐待から護られる権利など40以上の権利を定めている。また、親と国の義務も定めており、大人には子どもの権利を守る義務があることも規定されている。その権利と義務の関係は、とても重要なことで、教育庁発行の小学校の「人生観の知識」の教科書では、「子どもの権利は大人の義務」としてキャプションになっている。

こうして子どもの権利は、複数の法律によって守られていることになる。さらに重要なのは、小学校で子どもに人権や子どもの権利を教えていることだ。自分の権利を知らずに、社会的、政治的な主体として生きていくことはできない。権利が侵害されても、それに気づくこともできない。自分の権利を知ることは、自己肯定感を高める。同時に自分の権利を知って、他の人も同じ権利を持つことを知り、それを尊重することが義務になるという関係がある。

日本の行政は、国民の権利を嫌う。「義務を果たしたら権利を与える」「権利ばかり主張して義務を果たさない」などの発言もよく耳にする。それは権利条約が持つ社会的な契約の側面を隠そうとする意図を持った誤った言説である。現在の日本の教育問題の多くは、子どもの権利条約を施行することによって大きく改善されると思われる。

最近、日本の自治体は、「子ども条例」や「子どもの権利に関する条例」を置くようになった。2021年3月には、「東京都こども基本条例」が制定されている。しかし、そこにあるのは「社会の宝であるこども」「家庭、学校、地域社会及び関係機関等との連携強化」など従来の文科省の考えを繰り返すものにとどまる。「こどもの笑顔があふれる社会の実現」「こどもにやさしい東京を実現」など、子どもの権利とは関係ない言葉が並んでいる。

また、2023年にはこども家庭庁によって「こども基本法」施行が始まった。そこには「自立した個人としてひとしく健やかに成長」「権利の擁護」「幸福な生活」「基本的人権が保障」「愛され保護される」「意見が尊重され」などの言葉がある。基本的人権と意見が尊重されることは、子どもの権利の一部ではあるが、国連子どもの権利条約に比較すると不備が目立つ。むしろ、子どもの権利は避けているように見える。

学校でのウェルビーイング

ウェルビーイングもフィンランドの教育の原則の一つである。それは、とても身近に使われる言葉で、その意味するものは幅広い。

ウェルビーイングは、英語の言葉だ。フィンランド語では、ヒュヴィンヴォインティ。ヒュヴィンは英語のウェル（良く）で同じ意味だが、ヴォインティはビーイング（あること、存在）ではなく、体調や具合を意味する。「体調は良い」「具合が悪い」など身体の調子を指して、看護師や医師との会話でよく使われる言葉だ。つまり、自分の身体から発して、健康や健やかさ、日々の生活の快適さ、自尊心、充足感、自己肯定感、他人との心地よい繋がり、安心や安全、経済的余裕、社会保障、貧困や紛争からの自由などに広がっていく概念である。重要なのはそれだけではなく、国家や自治体が公共政策として尊重し進めていることだ。

フィンランドは「ウェルビーイング社会」「ウェルビーイング国家」を自称していて、社会へ国家へと繋がる心地よさを含んでいる。

またウェルビーイングには、福祉に近い意味もある。例えば、日本で「福利」や「子どもの福祉のために」と言う場合、それはウェルビーイングを指している。その場合は、国家が市民に対して保障するもので、自分の身体から発して国家に繋がる感覚とは、逆のベクトルを指すことになる。つまり、「ウェルビーイング国家」には、個人から国家へと広がる心地よい感覚と、国家が個人に保障する福祉の2つが共存していると考えることができるだろう。

最近は、日本でもウェルビーイングという言葉をよく耳にするようになったが、心の充足や楽しい気持ち、将来に希望を持てるなど、個人の気持ちの持ち方のように理解されていて、フィンランドのような広がりは持っていない。根本的な違いは、フィンランドのウェルビーイングは国や公的機関が保障するものであることだ。

学校でのウェルビーイングとは、何を指すだろうか。

それは、ここで書いてきたこと全てに関わることだ。平等、無償の教育、クラスの人数の少なさ、必要な支援があること、安全な環境、無意味な校則や競争がないこと、子どもの権利、勉学に対する金銭的支援などは、全てウェルビーイングと直接関わっている。

また、フィンランドでは「児童生徒へのケア」と呼ばれる支援がある。子どもの心身の健康に気を使っていて、常駐ではないが、心理学などの専門教育を受けたカウンセラーが、学校を巡回している。

PISAで測れない力

北欧の小国フィンランドの教育が注目されるようになったきっかけは、2000年代初めPISAが行う国際比較でトップに躍り出たことにある。PISAは、OECDが2000年に始め、3年おきに発表する15歳児童の学習度の国際比較。読解力、科学的リテラシー、数学的リテラシーの分野での能力や学力を測る。日本のランキングは、思うほど高くなく「PISAショック」と呼ばれた。それは、2007年に文科省が43年ぶりに全国学力調査を復活するきっかけになった。

ただし、最近フィンランドの順位は落ちていて、日本やシンガポール、韓国、台湾などがトップを占めるようになった。激しい競争や長時間の勉強、受験勉強を子どもに課す国々である。

2022年を見ると、日本は読解力3位、科学的リテラシー2位、数学的リテラシー5位。一方、フィンランドは読解力14位、科学的リテラシー9位、数学的リテラシー20位だ。

OECDは経済協力開発機構であり、経済の発展、さらに新自由主義的経済を進めるミッションを持って、PISAの調査を公表している。前述したように、フィンランドの教育は子どもに競争させることを嫌うので、PISAとは相容れない教育思想を持つ。しかし、世界の新自由主義的な潮流から乖離し、競争と無縁であることもできない。トップであれば嬉しいし、順位が下がれば落胆する。フィンランドの教育庁は、ランキングが落ちていることの理由として社会的・経済的格差の広がり、教師のリソース不足、デジタル化によって本を読む時間が減少したことなどを挙げている。読書時間の減少は、女子より男子で多い。ただし、そうした理由付けは可能な一方、必ずしも断定はできず明確にはわからないともしている。対策として、教育予算を増やす予定だ。

しかし、フィンランドの教育の良さは、PISAのランキングでは測れないと私は思う。成績や学力、競争ではなく、自分らしく生きること、良識ある人として良い人生を生きることを目的とする。また、教養を重視する教育によって、新自由主義的潮流には与しないものであり続けてほしいと思う。

「人生観の知識」は市民運動から始まった

ここで手短に「人生観の知識」の歴史にふれると、「フリー・シィンカーズ（自由な思考者達）」という市民組織の運動によって設置された科目である。フリー・シィンカーズは、非宗教的な考え方と生き方を主張する団体で、現在も活動を続けている。フィンランドには、市民組織がとても多い。教育も国家から与えられるだけではなく、市民の働きかけによっても変わる一つの例であるだろう。フリー・シィンカーズは、「人生観の知識」の開始を1983年としているが、教育庁によると正式には85年である。ただし、1983年に教育庁の承認により出された「人生観の知識」の小学校の教科書があり、正確な開始の年は確定しにくいようだ。

この科目に理論的枠組みを与えたのは、哲学者イルッカ・ニーニルオトである。ニーニルオトはヘルシンキ大学教授で、2003～2008年に学長を、2008～2013年に総長を務めた。2017年には、国が優れた研究者とアーティストに与える「アカデミシャン」という名誉称号を授与されている。『科学、哲学、世界観』（1984年、未邦訳）は、「人生観の知識」の発展にとって重要な著書であり、また1990年には「人生観の知識」の教科書も共著で書いている。

「人生観の知識」の出現を、より長い視点に置いてみよう。1869年に、教会法によって教会と国家が分離された。教会の正式名が「フィンランド福音ルター派教会」と定められたのもこの年である。1870年代から1920年代までは、人口の98％が教会に所属していた。ロシアから独立したのは1917年。その6年後の1923年に「宗教の自由法」が制定され、教会から離脱する自由や、自分の信じる宗教を選ぶ自由、宗教は持たない自由が与えられた。

しかし、その後も教会に所属し続けた人は多い。1930年代から90年代に至るまで、人口の90％以上が所属していた。つまり、「人生観の知識」が学科として始まった80年代も、大多数は教会に所属していた。にもかかわらず、「宗教的な課題を非宗教的に学ぶ科目」が公立学校の科目になったのは、宗教の自由の観点からであり、それを求めた市民団体があったからだ。教会に所属する人が目立って減り始めたのは、２０００年代に入ってからである。２０００年から２００８年までは80％強、２００９年から２０１７年までは70％台、２０１８年以降60％台と変遷している。

フリー・シィンカーズという市民組織の運動と「人生観の知識」の出現を、より広くヨーロッパの文脈に置くと１９６０年代以降の脱宗教化の中に位置付けることができる。それは、宗教的な世界像を批判、否定し、ヒュマニズム（人文主義）や近代科学に基づく世俗化を進めるものでもあった。

さらに歴史を遡ると、フィンランドにキリスト教が伝えられたのは１１００年代である。伝えられたのはカトリックだったが、１５１７年にドイツの修道士マルティン・ルターによる宗教改革を経て、プロテスタント化された。ルターはカトリック教会の腐敗や華美さ、儀式の多さなどを批判し、聖書を読むこと、神と対話することを主軸として信仰を簡素化し、プロテスタントという別の宗派を出現させた。プロテスタントは、さらにいくつもの宗派に分かれるが、北欧で主流のルター派教会はその一つだ。

現在、フィンランドでは人口の約68％がルター派教会、フィンランド正教が1・1％、その他の宗教が1・7％、所属なしは28・5％という割合である。ルター派教会とフィンランド正教が公式に認められているが、後者は少数派だ。また、宗教改革によってカトリックは根絶されたわけではないが、現在は新宗教やイスラーム教と共に「その他の宗教」に分類されている。公式な発表によると、信者数は約15，000人。移民によって増加しているが、フィンランド正教以上の少数派に止まる。

「人生観の知識」を選択するのは少数派で、息子が取っていた2000年代は全体の2～3％と言われていた。その後、徐々に増えて2020年では約7・7％である。つまり、少数の児童生徒のために質の高い教育が提供されており、少数派の子どもの成長も大切にしていることが実感できる。

道徳と倫理の違い

「人生観の知識」は、フィンランドに独自な科目だという。他の国では宗教、または倫理の教育がある。例えばスウェーデンの公立学校では、キリスト教を中心とした宗教を教えていて、生徒や家族の観点と異なるものであっても、必修である。フランスには倫理の教育があり、哲学が世界観を形成するのに適すると考えられているという。家庭または、教会、モスクなどで宗教や倫理を教える国もある。

道徳と倫理の違いはなんだろうか。語源的には、モラル（道徳）はラテン語、エシックス（倫理）はギリシャ語という違いがあるが、どちらも善悪や正しいこと・誤っていること等に関する価値判断や規範を指す言葉で、意味が近いこともある。社会はどうあるべきか、価値あるものは何か、どう生きるべきかなどの問いはどちらにも関わる。道徳は、より実際的なレベルでの規範だが、倫理は人の行動への干渉や、こうすべきというような指示はしないという違いはある。

讃美歌は議論の上で歌われる

学校と宗教に関わることとして、フィンランドでしばしば議論になってきたのは、終業式で歌われる「夏の讃美歌」という歌である。学校は8月中旬に始まり、5月末、または6月初めに終わる。短くも美しい北欧の夏が始まる時期に、終業式で生徒は「夏の讃美歌」を歌ってきた。歌詞は、自然の美しさと神への信仰を語る。

また、保育園や学校でクリスマスを祝うのも普通だ。クリスマスはイエス・キリストの誕生に関わるものなので、それを祝うことの是非についてしばしば議論が起こる。讃美歌もクリスマスもキリスト教のものであることが、宗教の自由、公平性、公教育の中立性などの観点から問題になるのだ。

生徒の多くは、ルター派教会のバックグラウンドを持つ。しかし、宗教を信じない権利や強制されない権利があること、キリスト教であっても「エホバの証人」のように、クリスマスを祝わない宗派があること、移民などキリスト教ではない家庭の子どもがいるなど、宗教のあり方は多様だ。多様なバックグラウンドを持つ生徒と保護者にどう配慮するか、が問題になってきた。2014年には教育庁のトップ、国会の憲法評議会、教員組合、大学教授、保護者組織である「親たちの同盟」の同盟長、ムスリム協会長などもこの議論に参加した。その時の議論をまとめると次のようになる。

教育庁のガイドラインでは、学校でのお祝いに宗教的な要素があっても良い。特に、クリスマスの伝統はフィンランド文化の一部と位置づけられている。讃美歌を歌う行為は、「宗教の実践」に当たるが、宗教の実践と国民文化を分けて考えることは、欧州人権裁判所も認めている。また、フィンランド文化の伝統として、「夏の讃美歌」を残すことを希望する市民が多い。こうしたことから、讃美歌が一つ歌われたとしても、それは宗教の実践にはならないという見解が示された。

より具体的には、学校と家庭のコミュニケーションを良くし、歌が歌われることを事前に保護者に通知する。小中学校の生徒については、保護者が希望すれば歌を歌う時、席をはずす、あるいは終業式を欠席するなどが認められる。クリスマスについては、学校が代替となる催しを用意しても良い。また高校生については、自分で不在を通知すれば良いとされた。

宗教的なお祝いが、子どもに害があるとまでは言えない。また、保護者は教科の全てについて免除を要求できない。例えば、宗教的な理由から生物進化論を信じないにしても、生徒は生物学のクラスに参加すべきだ。それは教育の一部だからである。こうした議論を経て、「夏の讃美歌」を歌うこと、またクリスマスのお祝いは、宗教の自由の観点からの問題はないという結論になり、現在に至っている。

こうして、しっかりした議論をする習慣があること、様々な理由から讃美歌を歌いたくないと思う児童生徒、また保護者の考えを考慮に入れて、皆が納得できるような解決を図ることは、高く評価できる。


フィンランドでの讃美歌をめぐる議論は、日本の学校での「君が代」斉唱の問題を想起させる。「君が代」は宗教的な歌という位置付けではないが、教員に強制されている。例えば、東京都教育委員会は、2003年に都立学校の教職員に入学式・卒業式での「日の丸・君が代」を強制する「10・23通達」を出した。その後の20年間で、従わなかった教職員、延べ484人が懲戒処分されている。

また、2023年春には、地方の教育委員会が「君が代」の歌詞を暗記している子どもの数を調査している。実は、国連自由権規約委員会は「日の丸・君が代」の強制に関し、2022年に思想や良心の自由を保障するよう求める勧告を出しているのだが、日本の教育行政が改めるつもりはなさそうだ。こうした日本の教育のあり方には問題がある。ここでも、フィンランドの教育との差は、非常に大きいことが感じられる。

第2章

視点と行動を変える「人生観の知識」という科目

高校の授業見学――対話を繰り返し、思考を深めていく

「良い人生って何だろう？」

２０２２年11月に、ヘルシンキ近郊のヤルヴェンパー市の市立高校のクラスを見学した時の様子から始めたい。

フィンランドは秋学期と春学期の２学期制で、８月中旬に始まり翌年の５月末か６月初めに終わる。秋学期が新学期だが、始まる日と終わる日は全国一律ではなく、自治体によってやや異なる。高校には、ピリオドというシステムがある。秋学期は３つのピリオドに、春学期は２つのピリオドに分けられ、全部で５つのピリオドがある。私が見学したのは、２つ目のピリオド（９月29日～11月25日）だ。このピリオドで、「人生観の知識１」は週３回、各１時間15分の授業があった。

ティーリカイネン先生は８年前からそこで哲学と宗教、人生観の知識を教えている。

見学した「人生観の知識１」は、「人生観の知識」を選択している生徒には必修のクラスだ。

フィンランド・ヤルヴェンパー市の市立高校での授業風景

日本では1年生のクラスという言い方になりそうだが、2年生もいた。どのクラスをいつ取るかは、生徒によって異なる。フィンランドの高校は選択制のクラスが多く、自分の時間割は、アドバイザーの先生と一緒に自分で作る。時間割はそれぞれ異なるので、同じ学年やクラスであってもそれぞれの時間割は異なり、始業時刻や終業時刻も異なるのが普通だ。

教室に入ると、机を4つ並べて正方形にしたものが9組置かれていた。それぞれに2人から4人の生徒が座り、全部で25人の生徒がいた。

毛糸の帽子と野球帽をかぶった生徒が3人いたが、服装は自分で決めることなので問題はない。紙の教科書はなく、それぞれのグループで1人から3人がパソコンを開いていた。その日のトピックは「良い人生」だった。小中学校でも教えているので新しいものではなく、馴染んだテーマだ。授業は先生の話、アニメを見ること、机ごとのグループでの5分間の話し合い3回で構成されていて、先生は自分の机でパソコンに向かい、話したりプロジェクターで白板にトピックを投射したりしていた。

グループでの最初の話し合いでは、良い人生のために必要なものは何かをテーマとして、10個を5分間で書き出すことが課題だった。一人が紙に書き、5分たつとグループで出されたことを読み上げる。衣食住などの基本的なニーズ、家族、健康、愛、友達、趣味、お金などが挙げられていた。

続いて短いアニメを見た。スマホと広告、過剰な消費、搾取がテーマだ。都会に住み、広告が誘うまま次々と最新モデルのスマホに買い換え、少し古くなったモデルをポイ捨てする白人男性を描く音声のないアニメだ。終わりに、アフリカでスマホの原料に使われる鉱石を手で掘る人たちの映像が出る。手袋や作業着などはつけておらず、そこには子どもも交じっていた。国名は特定されていなかったが、例えばコンゴで、こうした労働がされていることは報じられている。

見終わると先生は、スマホはどの程度必要か、私たちが必要と思うものはどこから生まれるのか、そこにはどんな問題があるかなど、アニメをまとめながら問いかけた。

続く2度目のグループの話し合いでは、良い人生に必要なものを5つに減らして発表した。

少し説明を加えると、フィンランドでは、小学生でもほぼ全員がスマホを持っている。また、デジタル化が進んでいて、18歳以上の大人にとってスマホは身分証明や電子署名の方法としても欠かせない。しかし、過度なスマホ使用の弊害は認識されていて、しばしばメディアでも取り上げられる。この授業の視点は、広告が際限なく消費の欲望を刺激すること、スマホ産業のためにアフリカの人たちが悪条件で働き、搾取されていることである。

続いて、ティーリカイネン先生は「良い人生」についての6つの考え方をパワーポイントで示した。

「良い人生」を考える6つのポイント

1. ギリシャの哲学者エピクロス

良い人生のためには、衣食住などのニーズが満たされていることが必要になるが、ニーズを次の3つに分けた。

a. 自然かつ必然なもの、食べ物。

b. 自然だが、必然ではないもの、セックス。セックスなしでも生きられるが、繁殖しないと人類はいなくなる。

c. 自然でも必然でもないもの、化粧。化粧を好む文化は多いが、なくても困らない。

2. **世界人権宣言**

世界人権宣言は、1948年に国連総会で採択された人権宣言である。日本的な感覚では、なぜ「良い人生」と人権が結びつくのか、わかりにくいかもしれないが、人権なくして良い人生はないことは後で見よう。

3. **宗教とスピリチュアルなアプローチ**

生きていく途上で、人は様々な迷いや悩み、苦しみを持つ。歴史的には宗教が救済を与えてきた。また、最近はスピリチュアルなものへの関心が高まっている。

4. **アブラハム・マズローの理論**

マズローはアメリカの心理学者で、ニーズを生理的欲求、安全の欲求、社会的欲求、承認欲求、自己実現の欲求の5段階に分けたピラミッド型モデルがよく知られている。マズローの理論は批判、修正されていることにもふれ、ピラミッドではなく波のように重なり合う波状の図も見せていた。

5. マーサ・ヌスバウムとアマルティア・センの「潜在能力」のアプローチ

ヌスバウムは、アメリカの哲学者・倫理学者でシカゴ大学教授。センは、インドの経済学者・哲学者でハーバード大学教授である。このアプローチについては、後で見る。

6. エドワード・デシとリチャード・ライアンの自己啓発的なアプローチ

デシは、アメリカ・ロチェスター大学の心理学教授。ライアンは、オーストラリア・カトリック大学のポジティブ心理学教授である。

「良い人生」を考えるために、様々な視点が示されている。ただし、これらには詳しく立ち入ったわけではなく、大きく全体像を見せるものだった。

先生は、話の合間に何度か「何か意見やコメントはある?」と聞き、2人の生徒がコメントしていた。フィンランドで、生徒はそれほど活発には発言しないことが多い。しかし、グループでの話し合いは滑らかだった。3度目のグループの話し合いでは、良い人生に必要なものを3つに減らす。そこで挙げられたのは衣食住などの基本的なニーズ、安全、意義ある人間関係、自分のことを決める自由、評価・尊重されること、友達、家族などだった。こうして必要なものが絞られていった。

最後に、先生は広告とスマホの問題に戻って授業を終えた。それは、自分の欲望をつくるものは何かという問いである。そこには、自分の選択や行動は、広告や資本主義、市場経済に誘導されているのではないかという問い、また過剰な消費に対する批判が含まれていた。

この授業はスマホを縦軸に、それをどう考えるかを横軸にし、グループの話し合いを3回挟むという密度の濃いものであり、また幅広く様々な視点を提供していることに感心した。

ようこそ、人生観の知識へ！――あなただけの「人生観」をつくるために

多元的な視点をもたらす章立て

ここでは、教科書1の第1章「ようこそ、人生観の知識へ！」の中から、一部を見る。教科書全体の章立てと項目は、次のようだ。

第1章　ようこそ、人生観の知識へ！
1. 人生観の知識とその科学的根拠
2. 私自身の人生観

第2章　私とアイデンティティ
1. 私の人生
2. アイデンティティの諸相
3. 社会的アイデンティティは交差する

第3章　人生の選択

1. 人生の選択で中心的なもの
2. 人生の選択に影響する事柄
3. 人生をコントロールする方法

第4章　良い人生

1. ニーズ
2. 幸福
3. 人生の意味

第5章　人間性

1. 科学的な人間像
2. 哲学的な人間観
3. 世俗的な人間観と宗教的な人間観
4. アートとポピュラーカルチャーにおける人間像

それぞれの分野には異なる理論があり、皆に合意された理論があるわけではない。

ここでは、人は他の生物から進化したとするダーウィンの進化論が、旧約聖書の「創世記」にある、人は世界の初めに神が創ったとする記述に反するので、それを認めないキリスト教宗派があることが挙げられている。これは、科学と宗教の対立を端的に示す例としてよく使われるものだ。

「人は皆、何らかの人生観を必要とする。『人生観の知識』はその構築をサポートする。学校で学ぶ科目を繋ぎ、包括的な世界観の構築を助ける。分野横断的な『人生観の知識』は有益だ。教養を広げ、深めることもできる。他人の観点と比較し、考え方の異なる人を理解する。対話によって、視点の違いにかかわらず共通のものを見つけ、協働を可能にする」

これは、「人生観の知識」の基本的なスタンスだ。「人生観の知識」が提供する広い視野から、自分の人生観を構築する。また、他人もその人の人生観を持つことを理解して、自分の人生観を相対化。視点に違いはあっても、対話によって共通項を見つけ、協働するというスタンスである。

答えがない問いに取り組む理由

教科書は、「人生観の知識は、独立した分野ではなく、多分野を横断するもの、答えが決まっているのではなく、あなたが自分に適するように選べる積み木のようなものだ。あなたが選んで、積み上げる。それは、様々な事柄を多元的に考えることを可能にする」として、積み木に例えている。

そして、関連する分野として人類学、宗教学、心理学（社会心理学、発達心理学、知覚心理学）、社会学、哲学（実用哲学と理論哲学）、メディア研究を挙げ、それぞれが何を研究するかを説明している。さらに、こうした学科が学べる大学と学部へのリンクがつけられていて、どんなことを学ぶのかを紹介している。高校生の興味を喚起して大学進学を勧めるものでもあり、進路を考える際の参考にもなりそうだ。

「私たちは、自分を取り巻く世界について何らかの観点や問いを持っている。例えば、世界とはどんなものか、世界はどう生まれたのか、私はなぜこの世界にいて、どこに行くのか、何が真実で何が真実でないのか、私はいかに知ることができるのか、私は何をしていくべきなのだろう等」

さらに、次のような問いも挙げられている。

「なぜ私は生きるのか」

「なぜ世界や社会は今のようであるのだろう。他のあり方が可能だっただろうか。それとも前もって決められていたように何かが起きたのだろうか」

「人類の歴史の一部としての私の役割は何だろう。それとも、最終的には人生には何の意味もないのだろうか。人生の目的は何だろう」

「どんな社会を発展させるのが良いだろう」

「どうしたら平等と正義は最も良い形で実現できるだろう」

「暴力が正しいことはありうるか」

「どんなテクノロジーを発達させるのが良いか」

「人間は究極的にどんな存在か」


　ここには自分、世界、人間に関する多様な問いの広がりがある。それは高校生が考えたり、関心を持ったり、悩んだりする事柄とも連結している。問いによって導かれる思考もあるだろう。哲学的、倫理的な問いに加えて、「どうしたら平等と正義は最も良い形で実現できるだろう」という政治的な問いもある。教科書2の「私と社会」では、民主主義や政治についてのトピックが多いのだが、「人生観の知識」という科目がなぜ政治的になるのかは、こうした問いからもうかがえる。

「あなたの見方」で、物事を見ていい

「人生観の知識で人生について話す時、それは〝私として〟生きられた人生を意味している。人生は過去、現在、未来の総体から成り、私としての経験と時間の流れを指す。その意味で、人生は主観的で個人的だ。全ての人に自分の人生があり、同じものは一つもない。一人称の視点だ。（中略）数学や外国語、生物学、歴史などは、生徒が一緒に学び、問いに対してより明確な答えがある。また全ての人が、事実と認めることを求められる事柄もある。しかし、人は異なる観点を持つ。人生観の知識では、物事をどう見るかに関しては、自分自身の見方への権利があることが、他の学科と異なる」

「自分自身の見方への権利」というのは、思想や信条の自由ということだろう。自分自身の人生と視点を持つことを励ましていて印象的だ。それは、個人主義とされるものだろう。ただし、後で見るように、「人生観の知識」が示す個人は、常に集団との関係で形成される、集団の中の個人である。それは、個人という概念が軽視されやすい日本の集団主義の教育（「学級づくり」や「学級集団づくり」を重視する日本の集団主義の教育）とは、とても異なるものだ。

「自我（エゴ）に関する考え方は、文化や観点によって異なる。個人を重んじる文化では自我が強調されるが、自我を捨てることを追及するアジアの宗教もある。（中略）西欧の時間の概念は、始まりと終わりがあって直線的だ。ビッグバン、または神による創造で始まり、凍結やカタストロフ、最後の審判で終わる。人生は一度だけだ。それに対して、アジアの時間概念は循環的だ。宇宙は永遠で、人は何度も地上に生まれ変わる。キリスト教の信者は永遠を求めるが、ヒンズー教の信者は、輪廻転生の循環から逃れようとする。宗教を持たない人にとって、死は人生の終着駅だが、その人の人生の意義は他の人が記憶している」

ここでは、異なる宗教や観点による違いが説明されている。

西欧の時間が直線的、アジアの時間が循環的というのは、時間の知覚に関する古典的な二元論である。ただし、西欧の時間はキリストの誕生を祝うクリスマス、処刑されたキリストが3日後に生き返った復活を祝う復活祭という、毎年循環する時間も含み持っている。従って、西欧の時間は直線的、アジアの時間は循環的とは必ずしも言い切れないのだが、キリスト教が、「世界の終わり」と神による「最後の審判」を想定していることにふれている。

また、キリスト教には善い行ないをした人は死後、天上の神の国（天国）に行き、永遠の命を生きるという考えがある。一方、ヒンズー教では輪廻転生の繰り返しから抜け出したいと考える。非宗教的な人の人生は死で終わるが、友人や知人の記憶の中に止まり続ける。様々な時間、生と死、死後の捉え方が概観されていて興味深い。

私の人生の物語

「自分の人生の物語は、誰にとっても唯一つで大切なものだ。自分自身の経験が、私たちを私たちにする。(中略) 誰も、自分の代わりに生きてはくれない。私たちは自分の人生を生き、様々な問題を自分らしく解決していかなければならない。こうしたことは、実存主義的な問題と考えることもできる。実存主義は、本質主義に異論を唱え、その人自身の選択と自由を強調する。人は石やパイナップルのように、ただそこにあるのではなく、実存する。つまり、意識的で自由であり、死ぬことを知っている。実存主義の中核になるのは人のラディカルな自由で、それが人を定義する方法になる」

ここでは、「私の人生の物語」を語る視点として、実存主義が説明されている。唐突に、「石やパイナップル」が出てくることに驚くかもしれない。実存主義は、人は生まれながらに本質的なものを持っていると考える本質主義に反対し、人は自らの選択によって自分が誰であるかを形成していくと考える。人は、石やパイナップルのようにただそこにあるのではなく、意思的で自分の命の有限性を知って実存する。選択や自由、意思を人の特性とする思想と説明されている。

続いて、「人生観は、自分自身の人生とその意義についての観点である。それは人生の途上で発展し変わるが、世界における自分の位置と意義を考える、深く個人的な方法である」としている。
人生観を固定するのではなく、変わっていくものとしていて、変化に対する肯定性や柔軟性が感じられる。「深く個人的な方法」という表現にも、個人の尊重が表れているようだ。

エピファニー

コラムで、エピファニーという概念が説明される。実存主義とは全く異なるアプローチだ。「人生観は一瞬で変わることがあるだろうか」という問いに続いて、エピファニーは「直感的な理解、突然のひらめき、啓示」「人生の真実や意味、あるいは無意味が、ある瞬間に啓示される経験」であるという。

「人生とは何か、私にとってそれは何を意味するかが瞬間的に閃くことがある。例えば、厳格なキリスト教の家庭で育ったが、自分は神も宗教も信じないと突然思う。こうした経験は、その人にとって極めて重要で、世界像や世界観を変えることがある。エピファニーは、例えば天使に会ったなど、もともと宗教的な啓示を意味した。強烈な経験や不幸な経験、サバイバルなどから世界観を形成することはありうる。自分の考え方が変わったこと、以前と同じようには考えないことに気づくこともある。人生観は、理性的に考えることによってのみ、生まれるのではない。自分について、また自分の現実の捉え方について再考してみることも必要だ。以前は関心がなかったことを知ることによって、自分の価値観が変わることもある」

エピファニーは宗教的な経験なのだが、「人生観の知識」は、そうした経験も否定しない。理性的な思考や意思的な選択によるだけではなく、思いがけないきっかけで人生観が変わることもある。ここでも、観点が変わること、自分を再考すること、以前とは異なる見方に開かれることなど、変わることに対して積極的だ。

世界は変わり続け、さらに変化の速度が加速している。その中で、いつまでも同じでいることはできない。一般的に言って、フィンランドでは変わることや改革に積極的、肯定的な傾向がある。それをプロテスタントという宗教の影響と考える立場もある。プロテスタントはカトリックという宗教的権威を批判し、1510年代に宗教改革を起こして出現した宗派である。変化や改革を好む素地をそこに遡って見ることは可能かもしれない。

教科書には、ユーチューブへのリンクが付けられている。その一つに飛ぶと、コンピューターグラフィックスで、素粒子など極小のものから巨大な宇宙空間に至る世界とその中の人間が示される、目眩くようなビデオがある。人間を中心とした世界ではなく、時空や宇宙の万物の中における人間の位置を相対化するもので、興味深い。

それは世界像であるだろうが、全てを見通す「神の視点」のようなものも感じさせる。世界に対する驚きや、みずみずしい感受性に満ちていて、知的好奇心を刺激する内容になっている。

また、コラムには世界地図の話がある。

「世界像には、地球と国家も付随する。世界地図に描かれたものを唯一のものと考える人は多い。しかし、地図は自分に関わる場所を中心にした、文化的な世界像を映し出すものだ」とある。その通りであるだろう。また、地図学という分野があることが述べられ、ガルーピーターズ図法に飛ぶリンクが貼られている。ガルーピーターズ図法は、北米やヨーロッパを実際より大きく見せるメルカトル図法ではなく、地球上の大陸が実際の大きさに近い関係で提示される図法である。ヨーロッパ中心主義に対する批判から、最近メルカトル図法が使われることは少ない。しかし、世界のあり方は一つではないこと、それにもかかわらず、私たちの視点は表象されるものによって固定されやすいこと、つまり周りに置かれる世界像が、いかに世界観に影響するかを示していて興味深い。

この教科書を読んでいて、高校生だった自分が考えていたこと、疑問に思っていたこと、憧憬を感じていたこと、苛立っていたこと、苦しんでいたことなどの記憶が蘇ってきて、とても心を動かされ、文学少女だった自分に戻った瞬間が何度もあった。当時、こうした幅広い視点を知っていたら、生きることをそれほど苦しまずに済んだかもしれない。自分の考えをより明確に言語化し、絡まり途切れてしまわない思考回路を持てたのではないかと思う。

世界像―世界観―人生観

ここまで、世界像と世界観という言葉が使われてきた。教科書は、「人生観の知識では様々な世界像、世界観、人生観について話し合う。最終的に問題になるのは、あなた自身の人生と人生観に関すること。高校教育の最も重要な目標の一つは、包括的で、論理的に一貫した世界像、世界観、またあなた自身の人生観の構築を助けることである」としている。

ここで世界像、世界観、人生観の3つについて簡単に説明したい。実は「人生観の知識」は、世界像、世界観、人生観という3つの関連する概念の中の1つである。この中で、世界観と人生観は日本でも耳にすることの多い言葉だ。例えば、「世界観を重視するゲーム」「インテリアが表す世界観」など。また、「私の人生観は」のように使われる。しかし、世界像、世界観、人生観という繋がりがあるとは、あまり思わないのではないだろうか。その3つの関係は聞き慣れないものので、初め私にはわかりにくく、理解するのに少し時間がかかった。フィンランドでも、学校で「人生観の知識」を取らなければ、一般的には知られていないかもしれない。

その3つを簡単に説明すると次のようになるだろう。

世界像は、宇宙はどう誕生したのか、世界とは何か、時間とは何か、人類はどう進化してきたか等に関する、物理学や自然科学に基づく描写的な画像である。世界像は科学的で、世界を検証し理解するための基盤になる。世界をあるがままに描写しようとするもの、と説明されることもある。

世界観は、世界像に認識論（エピステモロジー）と倫理的な価値を付け加えたものである。認識論は、世界に関する知識をどう得るか、どう根拠づけるかなどを考える分野だ。一方、倫理は善悪、また正と不正に関する判断を伴う。それは、「世界はどうあるべきか」「人生の意味は何か」「その行為は正しいか」などの問いになる。世界観は、それぞれの文化、また政治によって規定されやすいものでもある。

人生観は、世界観を自分に引きつけて個人化したものである。それは、常に自分自身の個人的な人生観になる。ただし、特に自分自身の人生観は持たず、一般的な世界観を自分の人生観にしている人もいると説明されている。単純化すると、世界像は自然科学的、世界観は認識論的、人生観は個人的と言うこともできるだろう。

ただし、この3つは必ずしも明確に分けられ、排他的なわけではなく緩やかに重複することもある。例えば、世界像と世界観は分けにくいことがある。また、世界を「あるがまま」に描写することができるかどうかは、疑問でもあるだろう。

世界像－世界観－人生観の3つは、あくまでも背景にあって枠組みとなるものであり、それを理解すること自体が目的ではない。私にとっては、様々な学問分野や思想を世界観として理解できたことは収穫だった。つまり哲学、心理学、社会学、フェミニズムなどの個々の分野がバラバラにあるというよりは、それらは世界観として存在することが見えてくる。世界観は世界を理解、解釈、批判、判断するための観点やツールと見ることもできるだろう。

また、世界像－世界観－人生観という関連づけは、それ自体が一つの世界観でもあるだろう。それは、キリスト教的なものと言えるかもしれない。その3つの連結は、上下関係にあるというより、三位一体というキリスト教の思想も感じさせる。

付け加えると、世界像－世界観－人生観には非宗教的なものと宗教的なものがある。ここで説明したのは前者で、その世界像は科学やヒュマニズムに基づく。一方、宗教的な世界像は旧約聖書や新約聖書、コーラン等に基づくものになる。

世界像－世界観－人生観という関連がある中で、科目名が「人生観の知識」であるのは、知識という認識論的なものを強調しているからだろう。

教養には「良い対話」が欠かせない

「人生観の知識は、良い対話を追求する。良い対話に必要なのは、相手の主張を聞くこと、相手を尊重した会話、しっかりした論拠である。反論する時は、その論拠を明確にして、良い主張を行う。（中略）議論の分析、つまり論拠を批判的に検証することは重要なスキルだ。意見の異なる人と温和に、相手を尊重しながら対話するのが理想である。（中略）対話はさらに教養を深める。考えの異なる人と対話し、その考え方を理解することによって、視点の違いにかかわらず共通項を見つけ、協働が可能になる」と説明されている。

考え方を異とする人と対話し、共通項を見つけることによって協働が可能になることが、再び述べられている。

「人生観はアイデンティティの一部なので、話し合うのが難しいことも多い。特に自分にはあまり関係がなかったり、重要ではなかったりすることについて会話する時には、デリケートさや賢明さが必要になる。（中略）基本的人権を重んじ、会話のための環境を築きたいなら、対話するスキルは重要である」

「人生観はアイデンティティの一部」というのは、例えば後で見るセクシュアルなアイデンティティに基づく人生観を指す。それはデリケートなものを含むので、人に明かしたりしにくいこともある。次のような対話のルールが挙げられている。

・相手を尊重する。ボディランゲージにも留意して話す
・人やグループではなく事柄、誤った行動を批評・評価する
・自分とは反対の意見も聞き、理解に努める
・誰も孤立させない、違う意見であっても全員が参加する
・違う意見を言う勇気を持つ
・ユーモアを装った嫌がらせや差別をしない

これらは、大事な原則ではないだろうか。様々な考察を経た後、対話のための具体的なアドバイスで終わる。自分の人生観を形成するのは、対話を通してであることがよくわかる構成になっている。「人生観の知識」は私個人のものであり、その意味で個人主義的と言えるのだが、それは常に社会の中の個人であり、自分を形成するのは異なる観点を持つ他人との対話なのだ。

教科書から少し離れて、現在のフィンランドを見ると対話の多い社会だと思う。例えば、テレビでは、真面目な対話番組や対話の場面が多い。また、オープンダイアローグの発祥地でもある。オープンダイアローグは、フィンランドの精神科医J・セイックラによる精神科医療のアプローチだ。症状を診断して入院治療や薬物治療を行う従来の治療法ではなく、患者と家族、医師、看護師、カウンセラー等、複数の人が同席して対話を進める治療法である。上下関係のない対等な立場での対話、情報の透明化と共有、患者と家族の決定への参加などを特長とする。

私とアイデンティティ――全ては「自分」を考えることから

アイデンティティは一つじゃない

教科書1の第1章は、「人生観の知識」全般について説明するものだった。続く第2章は「私とアイデンティティ」である。

初めの部分でアイデンティティをトピックとしているのは、自分とは誰かを考えることが、全ての始まりとなるからである。そこから、家族や友人、パートナー、社会、国、世界へと広がっていく世界観が示されている。教科書は、次のように始まり全体を概観している。

「アイデンティティは、特に若い時期に形成される画像で、のちに自分は誰かという問いに対する比較的持続的な答えになる。誰もが多数の異なるグループに所属し、アイデンティティは複数のあり方で交差する。社会的アイデンティティを理解するには異なる特権、差別の形態、および社会的な配置を知る必要がある。一方、私たち全てには多くの共通点がある」

あなたは誰？

「私であること」という言葉について、それは「他の人とは違う私という経験」と説明し、次のように続く。

「あなたは誰？　例えば、あなたにとって体やジェンダー、名前、性的指向はどの程度重要？　あなたは誰という問いは、何との関連かによって答えが異なる。新しい先生に聞かれた時、仕事の面接で聞かれた時。（中略）アイデンティティは、同化と異化によってつくられる。あることによって、ある集団に属すが、多くの面で他の人とは異なることも経験する」

ここでは、アイデンティティは絶対的なものというより、相対的なものであること、また、同化と異化という2つの相反する作用があることを説明している。

「アイデンティティは、永続的で自分に対する確固とした視点ではあるが、人生の途上で変わり、異なる状況によって異なったあり方で現れる。振る舞い方に関する期待のように、状況に左右されるアイデンティティは役割と呼ばれる。そこには、ジェンダーの役割にまつわる期待のように永続的なものと、あるグループに関わる一時的なものがある。異なる役割りは、異なる洋服のよう。異なる状況のために身につける。学校では家とは違う役割がある。若い時は、役割が分散していて人生は見世物に過ぎず、本当はどうしたいのかわからなくなってしまうこともある。

役割は、社会的地位や状況によっても異なる。例えば、生徒の役割は先生の役割とは異なる。家族にも異なる役割がある。それは永続的な〝私〟ではなく、状況に応じた行動の仕方であり、責任の有無と関係している。同じ人が、状況によって異なる役割を引き受けることもある。（中略）学校では、ほぼ永続的な役割が生じることが多い。いじめの状況でも異なる役割がある。いじめる人、いじめを助ける人、いじめられる人、黙認する人は異なる行動をとる。ただし、あるグループではいじめる人が、他のグループではいじめられることもある」

アイデンティティは永続的で確固としたものである一方、時間や状況によっても変化することが語られている。また、永続的な役割と一時的な役割に分節している。家族も、状況に応じた役割として流動的に捉えられている。

また、永続的な役割と一時的な役割も、必ずしも固定したものではないことを、いじめを例に説明している。フィンランドの学校にもいじめはあり、様々な予防に努めていて社会的関心も高い。日本の学校では、いじめる人といじめられる人に注目し、2人に握手させて仲直りさせるという解決策が多いようだが、フィンランドでは「いじめる人、いじめを助ける人、いじめられる人、黙認する人」という4つの役割が認識されていて、予防策もそれらを含むものになっている。

「アイデンティティは、嫌になる程ゆっくりと発達し、確立しないこともあるが、それでも構わない。人は、自分のアイデンティティを探すことになり、それは人生についてまわる。永続的なアイデンティティを得ると、外部の人が期待する役割を受け入れるか拒否するかを、より正確に考えることができるようになる」

人は、一生を通じて自分とは誰かを問い続けるが、永続的なアイデンティティを得ると、他人が期待する役割を受け入れるか入れないかを自分で考え、自分の判断に沿った生き方ができるようになる。それは「人生観の知識」が目指すものであり、この教科書に底通する目的の一つである。

また、こうした考え方はこの教科書独自の主張なのではなく、教育庁の『高校教育計画の根拠2019』に沿うものだ。他の出版社が出す「人生観の知識」も、同じ目的を共有している。国の教育方針が、こうしたものであることは日本と異なる。

国家や経済、産業、軍事のために使いやすい市民を錬成するというより、一人ひとりが自分らしく生きることを支援する教育。期待される異なる役割に戸惑ったり、社会に疑問を感じたりする高校生を支えようとするものであることに感銘を受ける。

セクシュアリティ抜きにアイデンティティは語れない

「自分自身であるということは、ジェンダーとセクシュアリティ抜きには語れない。自分のジェンダーとセクシュアリティへの権利は、人権の中心になる。若い人は、セクシュアルな存在としての自画像を形成し、そこにはロマンチックでエロチックな欲望が存在する。何が正しいセクシュアリティか、何が良い身体かに関する私たち自身の、家族の、そして社会の見方に驚くこともある。

子どもは自分に期待されているジェンダーの役割に気づき、それを受け入れたり、あるいは自分を規制するものと感じたりする。自分は誰か、何を望むかについて、自分は最良の専門家だ。他の誰かが望むからという理由で、子どもであっても大人であっても自分を変える必要はない。オープンな会話や公共の場で見られる多様なモデルは、自分のセクシュアリティとジェンダーをどう表現するかについて有益だ」

自分であることについて、ジェンダーとセクシュアリティの重要性をトップに置き、それを人権の中心になるものとしている。また、他人の意見に左右されて、自分を変える必要はないと明言していて大胆だ。「オープンな会話や公共の場で見られる多様なモデル」というのは、特に2000年代以降、メディアを通じてなされた活発な議論や様々な装い方、身体のあり方を指すだろう。
ここには、1975年に設立されたセタという性的マイノリティの市民団体のユーチューブのリンクが付けられていて、若者8人が自分のセクシュアリティについて語っている。同性愛やトランスジェンダーの人が、それぞれの経験を語り、自分自身である勇気を持つこと、隠したり、恥じたりする必要はないことを伝えている。

こうした教育のあり方からは、過去に対する反省が感じられる。フィンランドで、同性愛は1894年から1971年まで犯罪であり、2年以下の禁錮刑を受ける場合があった。犯罪ではなくなった後も、1981年まで病気と見なされていた。それは、ごく近い過去だが、そうしたことが再びあってはならないという決意がある。また、2014年には婚姻法が改正され、同性婚が合法化された。反対運動が起きたため、同性婚の実現は2017年になったが、教科書の内容はこうした社会の動きと連動している。

ジェンダーは文化的にも構築される

「ジェンダーは生物学的基盤を持つが、文化的に構築されたカテゴリーである。異なる文化には異なるシステムや概念がある。実存主義の哲学者シモーヌ・ド・ボーヴォワールは〝女性は女性に生まれない、女性に作られる〟と言った。女性であることにおける生物学的なものがあることは認めながら、それ以上に文化が女性を規制し限界を与えているとした。（中略）
子どもが産まれると男の子、女の子？と聞く。男の子は活発で科学に関心があるが、女の子は家庭的で美容やケアに関心があるなどのジェンダー規範がある。
ジェンダー規範は、異性用の服を着たり、子どもが文化的なジェンダーロールに合わなかったりするなど、規範を破った時に気づかれることが多い。性的マイノリティであることを、外的に表現するのは大きな勇気を要する。保育園や学校は、ステレオタイプな役割維持を避け、子どもたち一人ひとりが選択できるようにすることで、ジェンダー・アイデンティティの発達を支援することができる。全ての子どもたちは、ジェンダーに関係なく望むように生き、同じ可能性を得る権利がある」

「ジェンダーは生物学的基盤を持つが、文化的に構築されたカテゴリー」として、最近の構築主義的なアプローチとボーヴォワールにふれた後、規範は破られた時に気づくとしている。
また、ジェンダー・アイデンティティの選択と発展は子どもの権利であり、保育園や学校はそれを支援すべきとしている。日本から見るとラディカルに聞こえるが、フィンランドの公教育ではこうした考え方が主流だ。男の子だから、女の子だからという理由で何かを制限したり、自分の持つ可能性を発揮できない人生や不本意な人生を生きたりするのではなく、自分らしく自分の生を生きること、人のあり方も受け入れること、社会の偏見をなくすことを勧めるものですごいと思う。

具体的な例の一つとして、小学校の段階から女児も含めてＳＴＥＭ（科学・技術・工学・数学）教育を奨励していることが挙げられる。それは、従来男女間で不均衡が大きかった分野だ。

様々なセクシュアリティ

「セクシュアリティにはたくさんの形がある。それは幼児期に発達を始める。最近の研究によると、それを決めるのは胎児期の脳の発達であり、生物学的なものと環境の２つの要因がある。また、人生の異なる時期で変化することもある」

「１歳半頃、子どもは鏡に映るのは自分だとわかるという。自我は、自分の像に同一化することから始まる。私は子ども、大人ではない、男の子、女の子等。２歳頃になると、子どもは自分がジェンダー的な存在であること、それは永続的な事実であることに気づく。その後、ジェンダー・アイデンティティは行動や遊びに表れる。幼年期と青年期に、ジェンダー・アイデンティティは生物学的要因と環境的要因の相互作用を通じて、また自分自身の行動や経験に基づいて構築される」

ジェンダーやセクシュアリティへの意識は、思春期になって始まるわけではなく、自我の発達と共に幼児期から始まっていることが説かれている。

「多くの人は、異性に惹かれるヘテロセクシュアルだが、同性に惹かれるホモセクシュアルの人もいる。また、同性か異性かによらないバイセクシュアル／パンセクシュアルの人、性的魅力を誰にも感じない、またはセクシュアリティを重要とは感じないアセクシュアルな人もいる。そうした差異にかかわらず、恋に落ちたりロマンチックな感情を抱いたりする人もいる」

異性愛、同性愛、バイセクシュアル、パンセクシュアル、アセクシュアルなど多様なセクシュアリティが示されている。また、人生の途上で変化することもある、セクシュアリティのあり方にかかわらず、恋をすることがあるとしていて柔軟だ。

「フィンランドでは、生まれると法律により女の子か男の子かのどちらかに登録される。生まれた時に与えられたジェンダーと自分のジェンダー・アイデンティティが一致するのは、シスジェンダーの人だ。しかし、ジェンダー・アイデンティティの経験は常に個人的であり、必ずしも出生時に与えられたジェンダーと合致しない。女性とされた人が自分は男性と感じる、あるいはその逆のトランスジェンダーがある。ジェンダーレス、あるいは、部分的に女性、部分的に男性と経験する人もいる。生物学的な特徴からは、男女と決められないように生まれる人もいる。人のジェンダー経験は一様ではない」

さらにトランスジェンダーやジェンダーレスなどについて説明している。トランスジェンダーに関しては、世界的にネガティブな言説が多いが、ここでは多様なジェンダーのあり方の一つとして並列されている。

付け加えると、フィンランドでは男児に女性名、女児に男性名をつけることはできない。明確な男女の区別があることが、例えば、泉や薫のように男女どちらにも使える中性的な名前がある日本とは異なる。ただし、２０００年代以降、エーリ、ペチヤ、クーラなど、あまり耳慣れない中性的な名前を聞くようになった。

しかし、全てのセクシュアリティが認められるわけではない。

「どういったセクシュアリティが容認され、あるいは禁止されるかは社会や文化、観点によって異なる。（中略）道徳的な観点から問題になるのは、成人間ではないセックスや同意のない性的行為だ。例えばレイプ、同意のない性的行為、成人による未成年者への性的行為は容認されず、多くの社会で非合法化されている」

「良い人間関係は自分自身であること、また自分の価値観に従って生きることを可能にする。それには相手を尊重し、気遣うことが必要だ。物事を分担し、良い互恵的な関係にあることは、人生を生き易くし喜びをもたらす。本当の互恵的な人間関係や気遣ってくれる家族、また可能なら愛するパートナーは、困難な時にも安全な場を与えてくれる」

多様なジェンダーとセクシュアリティの形を概観した後は、良い人間関係で終わる。自分自身であること、自分の価値観に従って生きること、相手を尊重し気遣うこと、互恵的な関係。それは家族かもしれないし、愛するパートナーかもしれないが、そこにあるのは、平等な関係であるだろう。それは、ヘテロセクシュアルであることが規範で、男女不平等、妻に家事や育児労働が集中したり、妻が夫を立てたり、「誰のお陰でメシを食えると思っているんだ」と夫に言われたりする日本的な関係とは、とても異なる境地である。

アウトサイダーという視点

アイデンティティを異化の視点から見るためにアウトサイダーの視点が示される。つまり、主流のアイデンティティを共有しない人たちで、例として、様々な統計的な数字が挙げられている。「フィンランドの若者の10％が外国生まれ。最も多いのはエストニア、ロシア又は旧ソ連生まれ」「スウェーデン語系フィンランド人は人口の5％強」「人口の5～10％がホモセクシュアル」「15～

25％の若者が精神的な問題を持つ」「若者の5～10％が薬物を使用」「菜食主義者は肉食する人の中で異質と感じ易い」「成人の6～10％に読書障がいがある」「フィンランドには約2万8千人の富豪がいる」等である。

アウトサイダーという感覚は、多くの人が人生の様々な状況や段階で持ちうる。主流グループに属していない疎外感と言えるが、その理由は、ジェンダーやセクシュアリティに関することには限らない。フィンランドでは、フィンランド語とスウェーデン語が公用語で、「スウェーデン語系フィンランド人」はスウェーデン語を母語とするマイノリティを指す。

ここでは、若者の精神的な問題や薬物使用についてもふれられている。家庭や学校、社会の環境は、全ての人にとって必ずしも完全なものではなく、感じ易い成長期に若者や子どもは様々な理由からストレスや悩みを持ち易い。それに対して、学校や自治体が「学校心理学者」などのサポートを提供していることは評価できる。それでも、子どもや若者の薬物使用は長年にわたって問題になってきた。現在、非合法化の動きもある大麻の使用だけではなく、より強度の薬物に手を出すケースもある。仲間同士で、軽い気持ちで始めることもあるようだ。薬物禁止は学校でも指導しているが、低年齢化していて小中学校でも問題になることがある。

私自身、後遺症などで一生を台無しにしてしまうことがあるから、絶対に手を出してはいけないと、息子に何度か言ったことを覚えている。私は、フィンランドで子どもの行動に介入し過ぎないことの大事さを学んだので、「こうしなさい」や「こうしてはダメ」と言ったことはとても少ないのだが、これは絶対に認められないこととして記憶に残っている。

教科書に戻ると、アウトサイダーとして富豪であることも挙げられている。フィンランドは社会民主主義的思想から経済格差を嫌う。富豪であることを特に良いこと、目指すべきこと、羨むべきことと考える風潮は主流ではなく、アウトサイダーと感じる要因になりうるかもしれない。

老いと死も人生の一部

「老いは避けられない。私であることは、年老いても続く。発展し学び続け、変化し続ける。（中略）若い人は、あまり死について考えない。しかし、私たちは時間的な存在で、人生はいつでも終わりうる。（中略）自分が死ぬこと、消滅することは人間性と存在に関わる問題である。全ては死によって終わるのか、そうした質問自体に答えることは可能か。どう考えるかは、自分の人生観と世界観による」

ここでは、死に至るまで「私」であることが語られる。私は「発展し学び続け、変化し続ける」存在であり、「考える人」でもある。ここには、死に関する2つのビデオへのリンクがある。また、医療の発達によって寿命が長くなったが、何の望みも持てなくなった場合の安楽死について短くふれられている。2024年4月現在、フィンランド国会で治癒できない病気で、強い苦痛がある場合の安楽死についての議論がされている。市民が発案し、5万以上の署名を集めて国会に提出する市民イニシアティブという制度があり、それによって起こされた議論である。

死や安楽死は、キリスト教的な倫理の問題になる。神が創り、与えられた命はまっとうすべきで、人が介入するべきではないという考え方がある。しかし、自己決定権の視点からは、自分の死についても自分が決められるべきだ。こうして「私の人生」は、胎児期から死に至るまでを概観する構成になっている。

アイデンティティは個人的かつ、社会的

「アイデンティティの諸相」は第2章の2節目で、アイデンティティを個人的なもの、教育と仕事によるもの、ネット上のもの、道徳的なもの、ナショナルなものに分けて説明している。その上で、特権とアイデンティティの政治という項目で分析している。自分のアイデンティティは1つだけなのではなく、様々な側面から照らして考察を促しているのが印象的だ。

「発達心理学によると、若い時期は自分のアイデンティティを形成する時期だ。自分を探すのは長いプロセスで、いくつもの局面がある。アイデンティティ形成は、自分の世界観と人生観に関

わる道徳的アイデンティティの形成でもある。どの時代も異なるので、前の世代が正しいことと考えたことをそのままコピーすることはできない」

「自分の世界観と人生観に関わる道徳的アイデンティティの形成」は、「人生観の知識」で中心となる課題である。アイデンティティ形成は、世代間でも異なるという認識は、年長者が「今の若者は」「自分が若かった頃はこうではなかった」と、年少者を非難する風潮を是認しないものであるだろう。続いて、アメリカの心理学者・ジェームス・マーシャのアイデンティティ理論を紹介している。

「マーシャによると、少年期には自分自身のアイデンティティはなく、不明瞭だ。親や仲間など他人から借用したアイデンティティを内面化し、他人が望むように生きようとすることもある。しかし、多くの人は青年期の終わりには成熟したアイデンティティを獲得し、若い成人として自分自身を持つようになる。

若い人は、ネガティブなアイデンティティを持つこともある。つまり、他人の希望を損なわないようにすることによって自分を定義する。その背景にあるのは、親や先生の希望に添えなかった等、うまくいかなかった経験や落胆だ。他人の物差しで生きることによって、自信を保とうとする。しかし、アイデンティティは青年期を過ぎても発達する。一度で完成することはなく、人

生の異なる段階でも変わる。（中略）

内面的なインテグリティを持ち成熟した人は、自分自身の行動に責任を持ち、困難な時に他人の背後に隠れない。道徳的な背骨というのは、そうしたことを指す」

「他人の物差しで生きることによって、自信を保とうとする」のは、日本で多いのではないだろうか。アイデンティティは一度で完成しないというのは、前にあったセクシュアリティについての考え方と同様だ。

望ましいのは、「自分自身の行動に責任を持ち、他人の背後に隠れない」ことだ。それは、脊椎のように筋の通った道徳であり、また「人生観の知識」が目指すものである。

「道徳的な背骨（モラル・バックボーン）」という表現は、日本ではあまり聞かないが、英語圏でも使われている。

自分自身のアイデンティティを持って生きていくこと、人の期待に沿って生きる必要はなく、人と違っていて構わないことを教える教育には、感心するしかない。フィンランド社会では、少し変わった人に対しても許容度が高いことはよく感じるが、それはこうした考え方からくるものだろう。後で見るが、同調圧力に屈しない心性を育てることが重視されるのは、民主主義の精神を育てることと関連しているからである。

「個人的なアイデンティティやセクシュアリティ、個人的な信条については、他人がどこまで知って良いかは自分で決めることができる。もし明かしたくないなら、宗教についての考え方なども明かす必要がないことは、法律が規定している。アイデンティティを成り立たせているのは、部分的に個人的、部分的に社会的なものだ。ジェンダーやセクシュアリティに関しては、常に個人的な部分がある。アイデンティティに対する批判は、自分のこととして経験される。冗談や揶揄に傷つく」

アイデンティティに関することは、個人的でデリケートなことなので、どこまで他人に明かすかは自分が決める。明かしたくないなら、明かさなくて良いというのは、逆に言うと他人のことについてアウティングをしないということでもある。アウティングは、本人の了承なく個人的なことを第三者が他人に明かすことを指す。日本では2015年に、学友にホモセクシュアルであることをアウティングされた大学生が自死する事件があった。とても痛ましい事件だが、その人にとっていかに個人的でデリケートなことなのか、他人にはなかなか理解しにくいようだ。

「アイデンティティを成り立たせているのは、部分的に個人的、部分的に社会的」というのは、人は社会的な存在なので、完全に個人的なアイデンティティというものはないということでもあるだろう。個人は社会の一部という考え方は、「人生観の知識」の基底をなすものだ。

学歴はアイデンティティになりえない

「高校生であること、また職業学校での教育や高等教育は、アイデンティティの重要な一部でありうる。一方、教育を受けなかった人は、それも自分の一部とする。正式な教育は受けなかったが、人生からたくさんのことを学んだと考える人もいる。人生から学ぶことを過少評価するのは、偏見や無知かもしれない。読書障がいや集中できない障がいなどのために、勉学が困難だったとしても、その後の人生を良く生きていける人もいる」

ここで、「教育や高等教育は、アイデンティティの重要な一部になる」というのは、日本のように学校名に基づくアイデンティティではなく、何を学んだかに基づくものだ。

日本では、有名な国立大学や私立大学を出たことをアイデンティティの一つとする人は多いが、フィンランドでそれは一般的ではない。少数だが、教育を受けなかった人もいるが、人生から学ぶこともできるとして、学校教育偏重ではない見方を示している。ただし、学校には通わなかったとしても「その後の人生を良く生きていける人もいる」のは、様々な公的支援やセーフティネット、また年齢に関わらず学べるシステムがあるからだろう。

「義務教育延長は社会の変化を語る。中学までの教育では、今日のワークライフに充分ではない。

だから、社会は充分な基礎教育を全ての人に求めている。

職業の選択は、人生の重要な選択だ。選択したものにコミットし、仕事のスキル発展のために時間とエネルギーを費やすと、職業的アイデンティティは自分の重要な一部になる。特に専門職や正規雇用の公共部門などの仕事は、キャリアが続くことを意味する。一方、異なる仕事を経験し、仕事が変わるたびに学んでいく人も多い。職業的なアイデンティティは、非正規やプロジェクト型の仕事、個人事業主も持つ」

前述したようにフィンランドでは、2021年から高校までが義務教育化された。職業的アイデンティティは、専門職や正規雇用の仕事に限定されるものではなく、非正規やプロジェクト型の仕事、個人事業主など様々な仕事に就く人も形成するものとして、職業のあり方に対して中立で偏見のない記述になっている。

デジタルアイデンティティ

続いて、ネット上のアイデンティティに話題が移る。

「複数のデジタルアイデンティティを持つ人がいる。ゲーム上のアバターで、良い評判を得ることもできる。少なくともある程度まで、ネット上の自分の可視性を調整することは可能だ。不注意に自分についての情報を残す人もいるが、自分の署名を残したくない人もいる。個人情報保護は基本的人権であり、望んでいない人の画像などをネットにあげるのは倫理的に誤りである。（中略）

ネットでの評判は、例えばキャリアに有利になるように意識的に操作することもできる。バーチュアルな評判は、協働のネットワークやアイデア、推薦者を見つけることに役立つこともある。ネットは、人としての成熟度、著作権の尊重、協調性、能力などを伝えられるように使うのが良い」

ネットの使用を否定的に捉えないのは、フィンランドで特長的だ。ネットを使わない日常はあり得ないし、デジタル化は更に進み続ける。そうした社会で生きるためには、ネットの危険性を充分に知りつつ、賢明に使う必要がある。注意することや様々な危険、倫理的・法的な問題、写真や画像の使用、他人への配慮などについては学校でも教えられている。アバターに言及があるが、ゲームに対してポジティブなのも特長的だ。

「バーチュアルな評判は、協働のネットワークやアイデア、推薦者を見つけることに役立つこともある」というのは、例えばLinkedInのようなサービスを指すだろう。LinkedInに登録した人たちは自分の職業やこれまでのキャリア、関心事など履歴書的な情報を共有する。企業や大学など職種を限らずフィンランドで、LinkedInを使う人は多く、ヘッドハンティングとして使われることもある。日本で普及していないのは、労働の流動性が低いことと関係しているだろう。「キャリアに有利になるように意識的に操作することもできる」というのは、助言であり警告でもあると思われる。

道徳的アイデンティティを持つ意味

「ジョナサン・グラバーは、1999年の著作『人間性』で、道徳的アイデンティティを人の尊厳を守るものの一つとして描いた。善くありたいと思う時、人は自分の行為と道徳的な選択を恥じることがないように行動しようとする。しっかりした道徳的アイデンティティは、人を集団の同調圧力と配慮不足の両方から守る。道徳的アイデンティティを打ち立てると、人は自分の価値観に意識的になる。周りの価値が自分の価値と異なる時、良心は自分の価値に沿って行動するように求めることがある。例えば、地球環境の危機を知っているのに飛行機で旅行するような、自分の価値と反する行為は、葛藤を引き起こす。しかし、強い道徳的アイデンティティは自分を裏切るような行為をしない。

同時に、他人に対する配慮を持つ。自分の行為が他人に何をもたらすかを考えずに行動するのは、配慮不足である。同調圧力に屈することなく、また他人への配慮もしつつ行動するのが道徳的アイデンティティだ。

心理学には〝理想の自分〟という概念がある。どんな人になりたいかという理想像だ。それは成長と発展を助ける。善の倫理では、美徳や良い人生が課題になる。常に完全ではないが、より良いことを目指し、自分の言動に責任を持つ。つまりその人には、道徳的なインテグリティがあることになる」

グラバーは、ロンドン・キングスカレッジの教授で、ここでは2つのことが説かれている。1つは、周りの価値観や同調圧力に屈することなく、自分の道徳に基づいて行動すること。それは、この教科書が強調していることとも一致していて、同調圧力が強い日本との大きな違いを感じさせられる。

2つ目は、自分の道徳に基づいて行動すると言っても、自分中心で他人を考慮できないのであってはならないこと。インテグリティという概念が、そうした道徳的アイデンティティを指して使われている。「人生観の知識」が追求するのはこうした道徳的アイデンティティである。

ナショナル・アイデンティティは善か悪か

「愛国的であることは、良い価値と感じる人がいる。しかし、愛国が何を意味するかは人によって異なる。極端なナショナリズムは、息苦しいと感じる人もいる。また残念なことに、ナショナリズムには、しばしばレイシズムや攻撃がつきまとう。

一方、ヨーロッパ的であること、あるいは国際的であることの強調は、自国を裏切るものと感じる人もいる。自文化への忠誠か、人類に共通する人間性への忠誠かという価値のバランスの取り方の問題になるが、自国の文化や歴史に重きが置かれることがある」

ここでは、2020年にイギリスが欧州連合を離脱したブレクジットがふれられている。愛国やナショナリズムとしての欧州連合離脱である。


「ヨーロッパのアイデンティティは、古典文化の遺産とユダヤ・キリスト教思想によって形成された。（中略）フィンランドでは、平等な福祉国家という北欧アイデンティティが強い。自分のアイデンティティは、国や地理的な場所ではなく人間性とする人もいる。（中略）複数のアイデンティティを持つ人もいる。例えばソマリア系フィンランド人は、スポーツ競技では強力にフィンランドを応援するが、ソマリア人同士でいる時や差別の経験を語る時は、ソマリアのアイデンティティが強まる。最近は、多言語や多文化の家族も多く、多文化アイデンティティを持つ人もいる」

ここではヨーロッパのアイデンティティ、フィンランドのアイデンティティ、フィンランドに移住したソマリア人のアイデンティティ、多文化アイデンティティなど、多様なあり方に目が向けられている。また、レイシズムやソマリア系移民に対する差別など現在の問題に自覚的であろうとすることが感じられる。

息子の場合、母親が日本人であること、自分はフィンランド語と日本語を母語とすることはアイデンティティの一要素として重要なようだ。それは、多文化や多言語であることを肯定的に受け止める学校の雰囲気によって育まれた。他の人とは違う自分を肯定的で、何か誇らしいこととして経験したのはとても良かったと思う。同時に、自分のアイデンティティを否定的なものとして経験する子どもがいないことを願わずにいられない。

特権は持っていることに気づけない

教科書はアメリカでのブラックライブズマター（BLM）運動にふれ、話し合いのトピックは「なぜ自分の特権について話すことは、しばしば難しいのだろう」である。とても現在的なトピックだ。

「人は、社会的アイデンティティに関わる多くの集団に所属している。例えば肌の色、民族、母語、ジェンダー、セクシュアリティ、健康状態、地位などが人を分けたり繋げたりする。社会的アイデンティティには、外から見えるものと見えないものがある。（中略）社会的アイデンティティの一部は特権と関わるが、それは特権を持っている人には見えない。例えば、障がいのない人は、車椅子では行けないところがあると気づかない。シスジェンダーの人は、建物の中にトランスジェンダーの人が安全に使えるトイレがないことに気づかない。白人は、自分だけが白人である状況になり、個人としてではなく集団を代表するかのように見られたり、外国で差別されたりしないとその特権に気づけない」

ここでは、特権がアイデンティティという視点から語られている。特権を持つ人は、自分が特権を持っていることになかなか気づけない。フィンランドでは公共のスペースでバリアフリーが基本なので、車椅子で行けない場所はほぼないが、トランスジェンダーの人にとってのトイレの問題が言及されている。しかし、日本でよく聞くように、トランスジェンダーの人が女性のトイレに入ってきて脅威になるという、現実には非常に少ない問題としてではない。むしろ、トランスジェンダーにもあるべき安全への権利がないという位置付けになっている。

こうしてマイノリティの置かれている状況に注意を促し、想像力を働かせること、エンパシーを培うことが目指されている。本書では、教科書のエンパシーについての記述を紹介していないが、その意味と重要性はしっかりと説明されている。

無意識の偏見から抜け出す方法

「特定のアイデンティティは、人の価値観や知覚、行動にも強力に影響する。例えば、政治を基盤として集団的アイデンティティを形成した場合、自分の集団の誤りには盲目的になってしまう。一方、他の集団は、全てについて自分の集団とは異なる考えを持つと想像し、実際以上に相入れないものと位置付けてしまう。（中略）

ネット上では、一面的な情報の共有が簡単だ。人は、それとは異なる視点を知ろうとせず、あるグループやフォーラムを選ぶ。確証バイアスによって、自分がすでに持っている意見を強化し、それと相入れない情報は受け付けない。同じ考えを持つグループと繋がり、特定の意見を支持するが、それに反する事実は読んだり耳を傾けたりもしなくなる」

確証バイアスは、認知心理学などの用語である。ここでは、自分の意見を強化するための情報や仲間を求め、歪んだ世界観を持ってしまうことを説明している。それは、高校生に対する警告でもあるだろう。日常的に接するネットのフォーラムでの話題は、社会全体で共有されるものであるかのように誤認しやすい。その危険性は、特に、特定の個人やグループに対する偏見やヘイトとして過激化してしまうことにある。

「人は社会的動物で、集団に属することはサバイバルのスキルとして重要だ。自分が所属するのは内集団と呼ばれ、固定的な集団の中での信頼や協働が生まれる。人は内集団を好み、他の集団と競争する傾向がある。スポーツチームや職場のグループ、友達・仲間など、すでに結束している

社会集団に新しく入るのは難しいこともある。（中略）
社会心理学の研究で、内集団のメンバーは、それぞれが異なる個人と知覚されることが知られている。例えば、私たちは全てのフィンランド人は、それぞれ異なると知っている。フィンランド人が犯罪を犯したニュースを聞いても、全てのフィンランド人が犯罪者とは思わない。犯罪者は、特定の個人だ。しかし、外集団（自分が所属しない集団）については、個人がその集団を代表するとしてしまい、メンバーは皆同じと考えてしまう。あなたもスウェーデン人はこういう人たち、ロシア人はこういう人たちといったステレオタイプを聞いたことがあるだろう」

内集団のメンバーは、それぞれ個人差のある人たちとして知覚されるが、外集団のメンバーは、皆同じと思ってしまう傾向がある。ある国の人たちに対するステレオタイプは冗談としては面白いが、社会心理学的には、外集団についての誤った認識ということになるのだ。

「メディアは、顔の周りにハエが飛び交い、飢えに苦しむアフリカの子どもを報じる。それを見て多くの人は、アフリカは環境が劣悪で人々は貧しいと思う。アフリカは巨大な大陸で、金持ちも貧乏人もいるし、大学もスラムもある。誰もアフリカ大陸全体や多様な人々を代表しない。ある一人のヨーロッパ人がヨーロッパ全体や全ての国、民族グループ、マイノリティ、状況などを代表すると主張したら変だろう。（中略）外集団のメンバーは、個人としてではなく集団の代表者として、ネガティブなステレオタイプで見られる。また、外集団は他者や競争相手、脅威として経験されやすい。内集団のまとまりは、しばしばライバルを悪者や劣位に見せること、偏見や敵対意識によって保たれる」

「外集団のメンバーは、個人としてではなく集団の代表者として、ネガティブなステレオタイプで見られる」というのは、日本のマイノリティ民族についても当てはまるだろう。「内集団のまとまりは、ライバルを悪者や劣位に見せること、偏見や敵対意識によって保たれる」というのも、2つの集団の力学として経験のあることではないだろうか。

「偏見は無知や恐れから生じるが、偏見のない人はいない。（中略）しかし、無意識の偏見に流されないよう努めることはできる。そのためには、自分の偏見に気づき、内省的であることが必要だ。無知や恐れを認め、偏見をなくすよう努める。大胆に、文化的背景の異なる人と知り合う。そして、ある文化を代表する人としてではなく、その人個人として向き合う。ステレオタイプを鵜呑みにせず、批判的に多様な知識を求める。世界があなたに語ることに耳を傾ける。それは様々な解釈や物語、イメージに満ちているはずだ」

内省的であること、偏見をなくすこと。そして他者と知り合い、個人として向き合うこと。そうすれば世界は「様々な解釈や物語、イメージに満ちているはずだ」というのは、胸が高鳴るようなアドバイスだ。

「内集団と外集団の間では敵対関係が生まれ易いが、その解体は易しくない。しかし、多様な人々の間にポジティブな交流があれば、敵対関係は生まれにくくなる。教育によっても、偏見と差別を減らせる。全ての人を対等に認めあう経験や肯定的な行動のモデルは、個人的な偏見と差別的な行動を減らすだろう。

最悪の場合、差別や敵意は非人間化になる。外集団を劣等、あるいは動物とみなし、エンパシーを感じる能力がなくなり、人権などどうでも良くなる。それは、ナチスドイツで起きたことだ。同性愛者、エホバの証人、精神病者、ユダヤ人、ロマ（ジプシー）を強制収容所に送った。戦争や紛争でも、拷問や構造的差別が行われる」

ここでは、ポジティブな交流や教育、肯定的な行動のモデルによって、内集団と外集団の間の敵対や偏見、差別的な行動を減らせるという啓蒙主義的な考え方が示されている。最も恐れるべきなのは、他者の非人間化や動物化であり、ナチスドイツによるホロコーストである。それは、人間性の善を信じるヒュマニズムの立場からは、悪夢の出来事だ。現在、ヨーロッパ各地で、移民に対する敵意の広がりがある。また、ウクライナ戦争とガザ戦争では残虐な行為が行われている。そうした状況の中で、ここに書かれていることは現実性を持って迫ってくる。

この章は、「私のアイデンティティ」から始まり、トピックを広げていくことが印象的だ。限定された知識の中で考えるのではなく、知識を疑うこと、確証バイアスやステレオタイプ、偏見に目を曇らされず経験を広げて、世界と出会うこと。そして、過去の歴史的な誤りからも学ぶこと。

こうした全てが、高校生を導き、力づけるアドバイスになっている。「人生観の知識」で学んだことは息子にとって、血となり肉となっているはずだ。

人生の選択――選ぶことで人生は変えられる

知り、考え、選択して生きていく

ここでは、教科書1の第3章「人生の選択」の中からいくつかを見てみたい。

人生の選択について1章を割いているのは、生き方についての選択肢が多いからだと思われる。「私とアイデンティティ」でも見たが、ジェンダーやセクシュアリティについても多様な選択肢が示されていた。この章でも、将来について多様なあり方が語られている。

選択について1章を割くもう一つの理由は、「人生観の知識」は実存主義を基底に持つからである。実存主義は1900年代半ばのフランスに興った哲学で、サルトルやボーヴォワールらが知られているが、選択は重要な行為の一つだ。実在主義の中で、特に「人生観の知識」が準拠するのは、次の3つである。

1．日常生活の中の自分自身の経験を通して、人の存在に意味を与えようとすること

2．本質的な自己は前もって与えられているのではなく、人は世界に投げ出された存在で、選択

によって自己を形成していく

3．人間は自由で、自分の存在と行動に責任を持つ

教科書の冒頭は次のようだ。

「私たちは、人生の途上で様々な選択をしている。その中にはとても重要で、将来どんな方向に進んでいくかを決めるものがある。例えば、パートナーを選ぶ、勉強、職業、趣味の選択など。食べ物の選択など、日常の選択が大きな意味を持つことがある。日々の行為が、あなたをあなたにする」

人は意識的、無意識的な選択をしていること、小さな選択であっても、それが積み重なると大きな意味を持つ可能性があることに注意を向けている。日常的な行為の蓄積によって自分という人になると自覚するのは、自分を内省する行為でもある。

また、後に説明があるが、選択という考え方は、人は生まれながらに持つものによって規定されるとする本質主義に対する考え方だ。ただし、選択の連続だけで人は生きるのではなく、思いがけないことで人生が変わることもあることも語られている。「食べ物の選択」はベジタリアンな

どを指していて、環境や持続可能な未来を考えての選択になる。フィンランドの給食は、小学校からビュッフェスタイルで提供され自分で選ぶが、そこにはベジタリアンのメニューやラクトースフリーの飲み物なども用意されている。

個人的で社会的な私たち

「私たちは、常に2つの側面を生きている。自分のやり方で行動し、自由でありたい一方、人との繋がりを求め他人を必要とする。私たちは社会的な存在で、承認を求める。（中略）個人主義の文化で、承認は人と異なること、より優れていることに求められる。集団主義の文化では、承認は集団に属し、その価値に従い自分を主張しないことで得られる」

ここでは、「自由でありたい一方、他人を必要とする」という相反する側面が語られている。また、個人である一方、承認を求める存在でもある。しかし、それは矛盾しているというよりも、「人生観の知識」のスタンスに合うものと言える。「人生観の知識」は、自分自身の人生観と道徳的な信念の構築をサポートするが、同時に個人は社会との関係で存在することに矛盾はない。

個人主義の文化で、承認は人と異なること、より優れていることに求められ、集団主義の文化では、自分を主張しないことで得られるという2つの文化の承認のあり方は二元論的だが、フィンランドと日本に当てはまると思われる。

「人生観の知識」が説く、自分自身の道徳と良心に従って行動し、同調圧力に屈しないことは、その1つのあり方だろう。一方、日本でそうした教育はされておらず、そうした選択肢はあまりない。出る杭は打たれるという状況が一般的と思われる。

愛すること、恋に落ちること

「愛することは選択？　愛されることは？　天からの稲妻のように恋に落ちることもあるし、ティンダーを使って意識的に選んだ愛もある。どちらにしても、多くの人は、愛は幸福な人生をもたらすと考える。

プラトンの時代には、ゼウスが半分に割ってしまった始原の人間の神話が語られた。自分の半身を探し、ついに見つけ出して、2人は欠けるもののない全体となったと感じた。

精神分析を打ち立てたシグムント・フロイトは、人には五感を超えて直感的に本質的なことを感じる能力があり、そこには愛する能力とそのために行動する能力があると考えた。愛することができる人は、親密な関係が持つ可傷性に自分を晒すことになるが、傷ついても生き延びることを信じ、相手のことも信じる。愛の追求は、しばしば性的な情熱を伴い、判断能力を曇らせることがあって、恐らく友情よりも難しい。その反面、性的な結合は愛する者同士の結合を深める」

ここでは、愛することの様々なあり方が描かれている。

「天からの稲妻のように恋に落ちる」ように、自分の選択とは関係ないもの。国際的なマッチングアプリであるティンダーを使って探す、選択性の高いもの。また、古代ギリシャの哲学者プラトンが、『饗宴』の中で語ったゼウスの物語。ゼウスはギリシャ神話の神の一人だ。始原の人間は男女両性で両性具有の身体を持っていたが、ゼウスがそれを分けてしまい、2人は互いを探すことになったという。

さらに、フロイトによる、愛することの深淵と困難の語り。可傷性は傷を負わされること、負わされやすさを指す。

ここには、女性カップルの結婚パーティと思われる写真がつけられている。どちらも顔は見えないが、小柄な非西洋系の女性が口づけしている写真だ。

「パートナーの関係は様々だ。異性間、同性間、ポリアモリー（著者註：3人以上の関係）、オープンな関係（著者註：パートナーがいるが、互いに他に性的関係を持っても良い）など。意識的に永続的関係を選ばない人、規制や責任の少ない独身を選ぶ人もいる。しかし、多くの人は長い関係にコミットし、それを人生の重要な事柄の一つとして経験したいと思う。どんな人と人生の多くの時間を共に過ごすかは、大きな意味を持つ。最良の場合、パートナーはサポートし力付けてくれるが、最悪の場合は、精神的・肉体的な暴力を振るうこともある。

配偶者には、寿命にも影響するほどの意味がある。結婚していない男性は、結婚していない、あるいは配偶者に先立たれた男性より長生きすることが、調査からわかっている。

恋愛関係には、しばしば家庭を築き子どもを持ちたいという願望が伴う。親になることは人生の大きな変化であり、子どもは両親の関係も変える。子どもを持つことは自然なことと感じ疑問に思わない人がいる一方、最終的な選択ができずに悩む人もいる。最近は、意識的に子どもを持たない選択も増えている。子どもを持つことに対する考え方の違いが、二人の関係の危機や別れに繋がることもある。また、不妊症の患者にとっては、生物学的な子どもを持てないことは大きな悲劇でありうる」

同性間の関係だけではなく、異性間、ポリアモリー、独身など、多様な選択肢があることを示している。それは、自分の選択の多様性であり、他人に対しても同じ多様性を認めるものでもあるだろう。どういう形であっても、良い関係がもたらすものにもふれている。

子どもを持つ持たないについても、多様な例が挙げられている。フィンランドでは少子化が進んでいるのだが、自分の選択としての家族の形が語られる。あえて子どもを持たない選択や不妊症にも触れ、視点の幅が広い。結婚という言葉が使われていないことも印象的だ。結婚することが規範ではない社会の姿が感じられる。

付け加えると、フィンランドでは、結婚はしていないが子どもがいる、あるいは子どもが成長してから結婚する等、生き方の順序は固定されていない。制度的にも差別がない。親密な関係にあって同居している2人は事実婚と見なされ、住宅ローンを組めるし育児休暇も取れる。同性の関係でも同様である。

教科書に戻ると、こうした教育のあり方も日本との大きな違いを感じさせる。例えば、文科省は「高校生のライフプランニング」という冊子を出している。高校生に将来を展望させようとするものだが、選択肢がほとんどない。多様なセクシュアリティの選択肢がないのはもちろんだが、あくまでも「結婚により夫婦として一緒に共同生活を始める」「結婚、出産、育児等へのライフイベント」が設定されている。教育が、生き方の幅を挟めているようだ。

別れを乗り越えるためのスキル

「私たちの文化では、死ぬまで一生を共にするロマンチック・ラブの考えが強い。様々な感情とエロティシズムがその基盤になるが、愛は必ずしも永遠には続かず別れが訪れる。静かに別々の道を歩み始めることもあるが、愛を失うことは苦しく、別れは辛い選択になることが多い。別れを乗り越えるには、自分をコントロールするスキル、また将来を楽観的に見る自律のスキルを要する。哲学者モンテーニュは、不幸な愛をいかに生き延びるかを重要な人生の問題として考えた」

ここでは、ロマンチック・ラブの考え方を「私たちの文化」のものとして相対化している。人を好きになったり、交際したり、別れたりはフィンランドの高校生の日常の一部であり、様々な感情に揺さぶられる。愛を失ったり別れたりした時の対処法として、1500年代のフランスの哲学者モンテーニュにふれ、深みを与えている。前例に言及し歴史的文脈に位置付けるのは、科学的な態度でもある。この教科書にはこうした言及が多く、恋愛感情についてもアプローチが理性的だ。

また、「自分をコントロールするスキル」「将来を楽観的に見る自律のスキル」として、様々なことを学ぶことのできるスキルとして捉えるのは、フィンランドで特長的な態度である。

続けて、「仏教哲学では、喪失を解決するための墓地での瞑想がある。腐敗し虫に食われていく愛する人の身体を想い、苦しみが和らぐまで瞑想する」とある。これは、上座仏教の瞑想法の一つで、日本には「九相図」という仏教絵画がある。ここには異なる視点によって、ヨーロッパ中心主義を避ける意図があるだろう。また、宗教的な世界観に言及することは、「人生観の知識」が宗教的な視点も意識し、目配りしていることを感じさせる。

「個人間のロマンチック・ラブを基盤とする関係は、当然のことのように感じられるかもしれないが、多くの文化で結婚は家族と親族の問題であり、アレンジされた結婚は普通であることも知っていると良い」として、多文化の視点が示される。

歴史的に見れば、そうした結婚はフィンランドにもあったのだが、現在はないと言えるだろう。

一方、日本は現在も「結婚は家族と親族の問題」である様相が強い。例えば、戸籍という制度があり、「筆頭者」を上に置いて、家族はその下にまとめられる。筆頭者は夫や父であることが大部分で、家父長制家族が維持されている。戸籍は中国、朝鮮、日本における身分登録制度で、日本では7世紀後半に始まったとされる。韓国では、2008年に廃止された。

また、日本で「結婚は家族と親族の問題」であることは、選択的夫婦別姓が認められないことにも表れている。仕事を持つ女性は旧姓使用をするケースも多く、銀行や車の免許証などの手続きの煩雑さ、旧姓併記のパスポートは外国では認められないなど、様々な問題があり80年代から議論されてきた。また、自分の名前を自分で選ぶという権利の問題でもある。現在は62％の人が賛成しているのだが、家族の絆が弱まるなどの理由で政府が渋っている。日本は、夫婦別姓を認めない世界でも唯一の国である。

労働観も自分で選ぶ

「仕事に対する考え方は人それぞれだ。ある人にとって仕事は必要悪であったり、あまり気の進まない義務であったりする。また、短期で不安定な仕事や労働条件の悪い仕事は、本当の人生はここにはないと思わせる。しかし、専門的でキャリアを積み、自分を発展させていける仕事もある。リーダーの地位にあると、責任は重いがやりがいがある。ある研究によると、お金や地位のためにするのではない時、仕事の快適さはより大きい。

個人の価値観は、幸福や仕事の満足度に影響を与える。仕事は自分の価値観に沿うものが良い。例えばエッセンシャルワーカー、清掃員、医師、教授などは、経費節減のために充分に仕事ができなくなると倫理的な負荷を感じる。

仕事を天職と考える人もいる。例えばゲームデザイナーであること、法律の専門家であること、ミュージシャンであることは、自分のアイデンティティとしても重要だ。仕事を通じて世界をより良くしたり、より深い情熱を実現できる。起業家にとって、仕事とはリスクを冒すことであるが、何をするか自分で決められる生き方でもある。起業には、強いコミットメントと長時間働く意思が必要だ。（中略）ストレスがあっても自分をコントロールできるという感覚が保たれるのは、仕事が自分や自分の考えを表現する機会を与えてくれるからである」

ここでは、様々な職業や、価値観、仕事の意義が説明されている。エッセンシャルワーカー、清掃員、医師、教授を並べていて、エリート主義を避けようとしているようだ。また、職業の捉え方は、必ずしも日本的な感覚に合致しないかもしれない。ゲームデザイナーが「世界をより良く」する職業の1つとされているのは、ゲームに対する肯定的な風潮があるからだろう。フィンランドの学校では、教育や学習の一部として様々なゲームが使われている。また、この教科書では、人間はホモ・ルーデンス（遊ぶ人）であること、ゲームや遊びは楽しく知的であり、学びの形でもあることが複数回説明されている。

それは、ゲームに否定的な日本とは、非常に異なるスタンスである。

「良いワークライフ・スキルには、精神的な柔軟性と異なるものへの寛容さが必要だ。仕事そのものに加え、職場の人間関係や集団性にも責任を持つ必要がある。良い職場では、誰もが働き易く協働し易い。自分の仕事のやり方だけが正しいのではない。共通の合意の中で、それぞれの個性に合った仕方で仕事をすることを認めなければならない。人は異なる人生のステージにあり、価値観も異なる。例えば、幼い子どもがいる人は、家族と共に時間を過ごしたいと思う。それは、好ましくない労働の道徳ではなく、自分の価値観に沿った生き方だ」

ワークライフ・スキルとして、グループとして皆が気持ち良く働けるよう柔軟であること、他人の価値観や働き方を認めることが説かれている。こうした仕事観はフィンランドで一般的だが、それは学校でも教えているからだろう。仕事に関してはワーク・ウェルビーイングが重視される。例えば、フィンランドに単身赴任はない。家庭生活とのバランスを壊し、働く人と家族のウェルビーイングを顧みない労働形態だからである。

面白いのは、ここには「労働拒否同盟」という市民団体のホームページにリンクが貼られていることだ。人は、労働をしないことを選択する自由があると主張する団体である。この教科書は仕事を重要な選択の一つとしているので、相容れない考え方なのだが、それも排除することなく異なる労働観を示している。様々な考え方に開かれていて、その中から自分で選ぶというスタンスが徹底していることが感じられる。

日本との比較で付け加えると、日本には「金の卵」という表現がある。成長前の卵で、雇用者が労働力として育てる貴重なものという意味だ。若年労働者が、地方から都市に集団就職していた過去もあるが、2024年には、高校生の就職活動について「令和の金の卵」という新聞記事が書かれている。人手不足の中、高卒で就職を希望する人は減り続け、25年春の有効求人倍数は過去最高水準になる見込みだという。

前述したように、日本の就職は新規学卒一括採用が多いが、それは世界でも珍しい制度である。フィンランドに日本のような「就職」はなく、また「金の卵」という発想もない。それは雇用者にとっての価値であり、一人ひとりの高校生の顔は全く見えない。

また、日本には高校生採用で「一人一社」という制度がある。これまで、1人が1社しか採用試験を受けられなかったのだが、最近この慣行を見直し、1人2社にする動きがあるという。人生の選択の幅が狭すぎないだろうか。

あなたはどれだけ自由？

「人は自由に選択できるのか、あなたはどれだけ自由だろうか？」という問いが置かれている。

「自由は全ての人に平等に配分されているだろうか。それを制限するものは何だろうか。哲学者は、この問題について決定論と非決定論の立場から考えた。決定論は、全てのことは必然的に起こるべくして起きるとする立場だ。個人の責任を保証するためには、人の自由な意志を想定することが不可避と考える人もいる。非決定論は、因果関係に加え自由な意思や偶然があるとし、全ては前もって決められているのではなく、他のあり方も可能と考える立場だ。しかし、こうした論が正しいか誤りかは、証明することはできない。選択肢が多いと選ぶのが大変になり、自由がストレスになることもある」

決定論と非決定論では、全ては必然的で、前もって決められたように起きるのか、人の自由意志や偶然も影響するのかが議論された。そうした哲学的視点の後、遺伝と環境が及ぼしうる影響について説明している。「選択肢が多いと選ぶのが大変になり、自由がストレスになることもあ

日本のジェンダー・ギャップ指数

0.663/118位

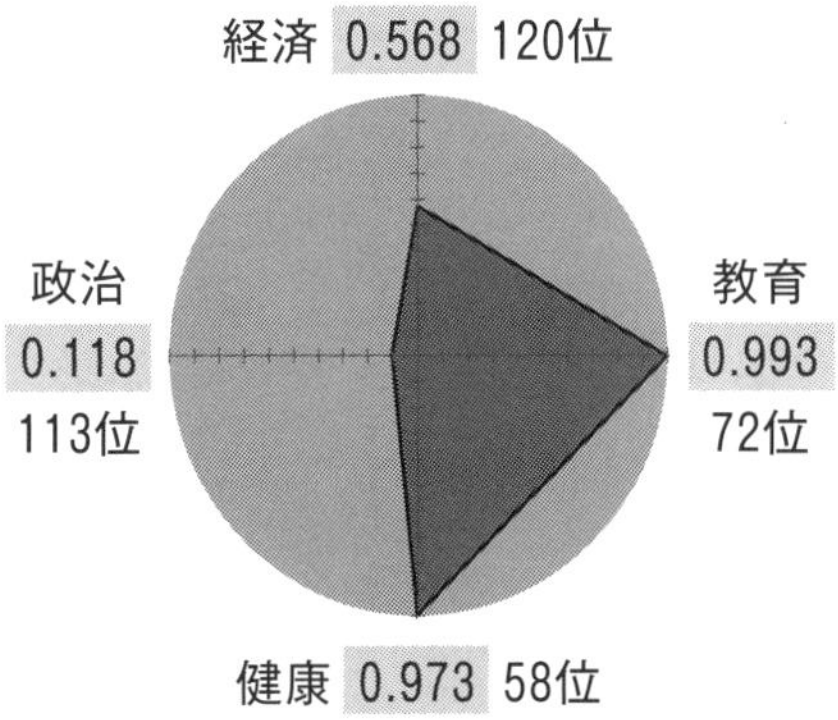

フィンランドのジェンダー・ギャップ指数

0.875/2位

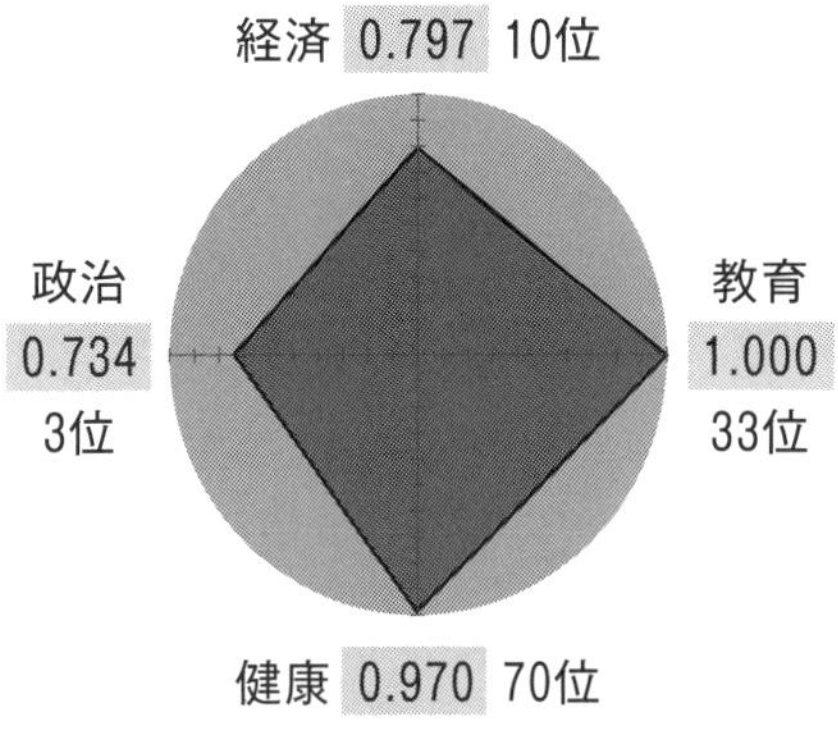

指数が1に近づくほど男女平等

『Global Gender Gap Report』(2024)を元に作成

る」というのは、例えばハンバーガーショップで、どのマヨネーズを選ぶかというような問題で感じることもあるかもしれない。

続いて、フィンランド統計局ホームページへのリンクがあり、そこに飛ぶと「教育は受け継がれる」というタイトルの記事が置かれている。たくさんの統計の表やグラフがあり、「高等教育を受けた親の子どもは、高等教育を受ける割合が高い。特に母親の教育レベルが、子どもが高等教育を受けるかどうかに影響する」ことなどが書かれている。

日本では、現在も女性に高等教育はいらないという考え方がある。特に地方で強い考え方のようだ。日本の高等教育のジェンダー格差が世界との比較で大きいことは、ジェンダーギャップ指数にも表れている。2024年版で、フィンランドは総合2位、政治部門3位、教育33位だが、日本はそれぞれ118位、113位、72位である。教育はさらに初等、中等、高等進学の3つに分けられていて、フィンランドは中等と高等で1位である。一方、日本は中等では1位だが、高等では107位と低い。母親の教育レベルが、子どもの高等教育に影響するというフィンランドの調査結果は興味深いが、そうした観点からの議論は、日本ではされていない。

自由な選択を阻むもの

「フィンランドでは、小学校の算数の問題解決能力は、女子の方が男子よりやや高いが、他の多くの国では逆だ。コンピューターゲームをたくさんする少年は、高校の英語が他の生徒より良くできる。才能の発達は文化的な期待、趣味の活動、友達からの同調圧力にも影響される」とある。

ここでも、ゲームをたくさんすることについて否定的な口調で書かれていないのは、前述したように学習にもゲームが使われているからだろう。才能の発達は「友達からの同調圧力にも影響される」とあって、同調圧力は程度の差があるにしても、フィンランドにもあることがわかる。

「人の能力を引き出す、あるいは発揮させないなど、環境は大きな役割を果たす。例えば、家庭の社会経済的な立場が弱いと、スポーツの才能を発揮できないことがある。裕福な家庭であっても、趣味はサポートがないと始められない。また、メディアが伝えるイメージも何を選択するかに影響する」

ここで趣味というのは、日本の習い事に当たる活動である。フィンランドに部活はない。学校が終わると、スポーツなどの趣味の活動をする子どもは多いが、地元のスポーツクラブ等に行くのが普通だ。それは有料で、親が車で送り迎えするケースが多い。男の子にはアイスホッケー、女の子には乗馬やフィギュアスケート、陸上競技などに人気があるが、その費用は保護者の負担になる。つまり、教育は無償で家庭の経済状況には関係なく平等だが、趣味や習い事の活動は経済状況の影響を受けることになる。

「ステレオタイプによって、才能の発達が妨げられることがある。例えばアメリカでは、テストの前に人種について尋ねると、アフリカ系の生徒の数学の試験結果を悪くすること、アジア系の生徒の結果を良くすることが知られている。また、背の高い人はリーダーに向く、金髪の女性は頭が悪いなどの奇妙なステレオタイプのように、人と能力が結びつけられることがある。こうした考え方は、本質主義と呼ばれる。本質主義は人の内部に永続的な特質があって、能力を規定していると考える。それは認知バイアスで、可能性の実現を妨げてしまう。しかし、与えられた役割や他人の期待から自由になれば、人はより良く自分の人生を生きることができる」

ここでは、友達の同調圧力、家庭の経済状態、ステレオタイプなど様々なファクターが、選択に影響を与えるとされている。そこにはポジティブなものとネガティブなものがあるが、ステレオタイプは本質主義とし、心理学の立場から認知バイアスとしている。

人生には、自由な選択を阻む様々なファクターがありうる。しかし、潜在的な可能性を見つけ、自分の人生を生きることを良しとする「人生観の知識」のスタンスが、ここでも一貫している。

出自やその他のいかなる理由によっても、差別されない教育を全ての子どもに提供するのも、同じ考え方による。それはフィンランドが社会全体として、60年代後半以降進めてきたことでもある。現在、政治や経済、医学など様々な分野に女性が多いことは、その成果と言えるだろう。

四本裕子は、日本のジェンダー・ステレオタイプを批判し、注意を促している。例えば、男性脳と女性脳という2つの脳があるかのような主張があるが、そこには疑似科学的な思い込みや、環境や教育の影響の見落とし等の問題がある。四本は、ジェンダー・ステレオタイプの有害性は、それが人の機会を奪ってしまうこととしていて、フィンランドの教育の考え方と近い。

それは、国際的なアカデミーの世界でも広く受け入れられている、極めて正当な主張である。男性脳・女性脳という区分は、ポピュラーサイエンスとしてわかりやすいのかもしれないが、ジェンダー規範にとらわれない新しい知のあり方や生き方が求められる現在、有害性の方が大きいと思われる。

ネットは有害なのか

ここでは、アメリカの著作家ニコラス・カーの2010年の著作が言及されている。日本では『ネット・バカ　インターネットがわたしたちの脳にしていること』（青土社）として、同年訳された本だ。

「カーは、人の行動と脳へのインターネットの影響を研究し、繰り返しググることは記憶を破壊、知識を表面的にすると結論付けた。長時間に亘って画面を見ることは、脳の構造を永続的に変えることもありうるとする。メールやメッセージの通知、フェイスブックやツイッターが気を散らす。（中略）長い記事を読む人は減り、平均すると一つのページにいるのは数秒間。ネットサーフィンやざっと見が、深く読むことに代わった。基盤となる知識が充分でないと、批判的思考は難しくなる。

メディアは私たちの考え方を変えるかもしれないが、私たちは自分でメディアの使用を調整し、思考を深める能力を発展させることもできる。自分をコントロールするには、エネルギーと集中力が必要だが、発展させられるスキルである。仕事の最中にネットサーフィンはしない人もいるが、ネットで短い息抜きをする人もいる」

カーの主張は、よく耳にするもので正論のように聞こえるが、インターネットに対して否定的で一方的な印象を受ける。フィンランドでも、特に子どもの長時間のネット使用は望ましくないと考えられているが、デジタル化は止めることのできないプロセスである。ここでは、「自分でメディアの使用を調整し、思考を深める能力を発展させることもできる」としていて、単なる否定ではなくリテラシーが必要であり、そのために様々なスキルを学ぶという態度が示されている。

ここで面白いのは、古典時代→グーテンベルグの活版印刷→現代の情報社会という歴史的な進展に言及した後、「古典時代のギリシャでは、考えが書き留められることによって、いかに思考が表面的なものになるかが考察された」とあることだ。

現在は、話された言葉よりも書かれた言葉が重視される傾向がある。記録や保存のためには書き留める必要があるのだが、口承や記憶、パフォーマンスなど、実は様々な表現方法があり、そうした表現の方が生き生きとしている、書かれてしまうと固定され自由を失ってしまうという見方もあるのだ。

古典時代には弁論と思考がより強く結びついており、書くことは思考を表面的なものにすると考えられたのだろう。これは、ネットが思考を表面的なものにするというカーの主張にも、異なる視点を付け加えるものと思われる。

ここでは、ネットをどう使うかが選択の問題として取り上げられている。様々な選択があるが、自分はどういう選択をして、どう関わるかが課題になる。それは自分の良識が試される問題でもあり、自分の責任となることである。ネットの誘惑は大きく、絶えずネットをチェックしてしまう人は多いのだが、ここでも選択と責任という実存主義の考え方が下敷きにされていることがわかる。

生き方の選択は価値観の選択

「私たちの人生の選択は全て価値観、つまり私たちが人生において良いと思うもの、努力する価値があると思うものから生まれる。価値観は、人生の目標設定の仕方に影響を与え、日々のライフスタイルの選択の指針にもなる。

価値観の中で最も重要なのは、それ自体の価値だ。他の何かを得る手段としてではない、それ自体が持つ価値である。一方、お金のように、何か欲しいものを手に入れるための手段としての価値がある。また、人間の価値観には道徳的なものと道徳とは関係のないものがある。例えば、美的価値は、少なくとも部分的には道徳的価値とは別のものだ。人には、美しくあろうとする道徳的義務はない」

ここでは、選択は価値観に基づいてなされること、また日々のライフスタイルもその人の価値観と繋がっていることを説明している。「それ自体の価値」と「手段としての価値」の区別は重要で、重視されるのは「それ自体の価値」である。また、価値には「道徳的なものと道徳とは関係のないものがある」として分けている。

「価値観は、言動についての規範に繋がることがある。例えば、〝自分に嘘をつかない〟という規範は、真実という価値と結び付いている。健康を重視する人は、喫煙を避け、運動や食事を通じて健康を維持しようとする。自然を大切にする人は、使い捨ての衣服や衝動買いなど、不要な消費を避けようとする。

ただし、人は自分の価値観や知識に従って行動するとは限らない。健康に良くない食品、あるいは非倫理的に生産された食品と知っていても、私たちは必ずしも食べることを拒まない。自分の価値観や知識に反して行動することはアクラシア（akrasia）と呼ばれる「非倫理的に生産された食品」というのは、例えば、狭いケージで飼育された鶏や豚、鶏の卵などを指す。ここでは、価値観と行動の規範の関係が説明されている。その2つは、健康を重視して禁煙するなど直接結びつくことがある。ただし、常に結び付くわけではなく、価値観に反する行動をとることもあるが、それにはアクラシアという名称があるのだった。ギリシャ語で「意思が弱い」ことを意味する言葉である。また、価値観と行動についての規範が結びついていてもいなくても、それは自分の選択であるという所に実存主義の考え方が感じられる。

ここでは、価値観と言動についての規範を分けて考える視点を提供していることがポイントになる。それは思考回路を整理することであり、自分の考え方を明確化することでもある。さらに、より緻密な考え方を誘うものであり、人との対話や議論を進める際に必要なものでもある。

人生は偶然にも左右される

「運の良さによって成功する職業もある。投資家やネットのプロポーカー・プレイヤーは、能力に加え幸運を信じる。しかし、運は去ることがある。勝利したプレイヤーは、次には慎重になり、大きなリスクを避けるかもしれない」

トピックは自分の選択ではなく、幸運と偶然に移る。例になるのは、投資家やプロポーカー・プレイヤーだ。それは、より幅広い職業の選択を示そうとするものであるだろう。「人生観の知識」で、選択は実存主義の立場から重要なのだが、人生は意志的な選択の連続のみなのではない。思いがけない幸運や偶然によっても大きく変わることがあるのは、多くの人が実際に体験していることではないだろうか。

続いて、セレンディピティという概念が紹介される。

「セレンディピティは、偶然の幸運を表す概念で、ホレース・ウォルポールが言及した古いペルシャの物語に由来している。ペルシャの3人の王子が、意識して探していたわけではなかったが、正しい時に正しい場所にいたことで気づいたことが、後になって非常に有益なことがわかるという物語だ。柔軟さやオープンであることを説く概念でもある」

ウォルポールは、イギリスの作家。偶然の幸運が大きな意味を持つことがあって、それは科学的な発見や発明などもたらしてきたという。意識的な選択や追求によってではなく、何かに到達することを示すものだ。さらに、以前は魔術師、現在はイギリス、ハートフォードシャー大学の心理学教授リチャード・ワイズマンの考えが紹介される。

「幸福な人は可能性に気づき、それを呼び寄せて実現する。リラックスして幸運を信じる。上手くいかなくても良い方向に持っていく。諦めず希望を持つ。直感を信じる。計画を柔軟に変える。失敗を恐れず悲しまないスキルは学べる。それによって人生で起きたことを肯定的に解釈し、全ての経験は最終的に良かったと説明できるようになる。勉学の場や仕事を失うことは、もっと面白くて新しい可能性を開くこともある。頑張り、自分の将来を信じることは良い」

若い人は、見知らぬ将来に対して不安や不確かさを感じやすい。また、うまくいかなかったことに落胆したり、些細なことに傷ついたりして希望を失ってしまうこともある。ここでは、力強く高校生を励ましているのが印象的だ。

「キャロル・ドゥエックの研究によると、才能を褒めるのではなく、行動すること、試みること、諦めずに続けることを褒めることが若い人の成長を力づけ、失敗することへの恐れをなくすという。才能を発展するスキルとして捉える人は、失敗も肯定的に受け止め、失敗からも学び、将来をより肯定的に受け止める傾向がある。一方、才能を永続的な特質と見る人は、実際の行為を矮小化したり、成功者を妬んだりする傾向がある」

ドゥエックは、アメリカ・スタンフォード大学の心理学の教授である。才能を「永続的な特質と見る」のは本質主義である。本質主義ではなく、行動し試みて諦めずに続けることを勧め、高校生に対するポジティブなメッセージになっている。

「死の床で大事なことをしなかったこと、何かに挑戦しなかったことを後悔することがある。恥をかくことや失敗を恐れて、自分の人生を生きなかった。しかし、誰にも小さな失敗はあり、逆風にも遭う。それが人生だ。ストア派のセネカから、困難な状況にあっても自分の態度で生き、影響できることを学べる。古典時代の哲学者たちは、外面的な成功や人気に頼らない生き方を重んじた」

ここでは、紀元前後の哲学者セネカの考えを紹介している。

恐れに立ちすくんだり、外面的な成功や人気に惑わされることなく、自分の人生を悔いなく生きていきなさいというメッセージを様々に伝えていて、胸を打たれる。

不平等、不条理にのまれないために

現実の世界には、様々な不平等や不公平がある。ここでは、これから人生を切り拓いていく高校生に、心理学のアプローチからの視点を示している。

「自分の行動によって、何に影響できるだろう？　善人なのに悪いことが起きる。悪人なのに成功する。才能があるのに貧しい人もいる。頑張っても裕福にならない。世界は常に公平ではなく、皆に同じ出発点はない。不平等、貧困、ストレス、収入の心配は知性を劣化させる。

コントロール感は、自分の人生と世界に影響を与えられるという感覚で、それが強いと人はアクティブになり、影響を及ぼそうとする。しかし、試みても何にも影響を与えられないと思うと、自分は何もできないという無力感を学んでしまう。それは学習性無力感である。自分には才能も運もないと思い込み、それを持続させてしまう。（中略）影響を与えられることと与えられないこと、コントロールできることとできないことを分けて考えるのが良い」

ここでも「分けて考える」ことを勧めている。それは、物事をごちゃ交ぜにせず分節化することであり、より明確化するための思考回路の一つになるだろう。「コントロール感」は、自分の人生と世界に影響を与えられるという感覚、「学習性無力感」は自分には才能も運もない、どうせダメだ、何をしても変わらないという諦め感である。

日本では前者が弱く、後者が強いのではないだろうか。調査によると「私個人の力では、政府の決定に影響を与えられない」という考えについて、日本の高校生の83％が「全くそう思う」、またはい「まあそう思う」と答えたという。それは米国76・2％、韓国64・4％、中国59・4％の回答と比べて高い。後で見るように、フィンランドの教育は社会や政治に影響を与えることを非常に強調するが、日本でそうした教育はされていない。自分の力で政府の決定に影響を与えられるという感覚が低いのは、当然の結果であり不思議はないだろう。

また、ここで見てきたように、フィンランドの教育では、子どもや若い人に対して肯定的で力づける発言が多い。教育だけではなく社会政策などについても言えることだが、人に対する肯定的な感情が強い。

一方、日本では、教育の場でも社会的にも人に対する否定的な感情が強い。特に、文科省や学校が子どもや若い人について否定的な言葉を発していることには、胸が潰れる思いだ。たくさんの子どもや若者が傷つき、希望を失い、自分の人生を選択していくこともなく、時には命まで断ってきた。2022年は小中高生の自殺者は合計514人で過去最高、2023年は513人である。

「人生の選択」の章は、人は日々様々な選択をしていて、それがその人を形成することをテーマにしている。

良い選択は良い人生のために大事だが、それは自分の意思で選ぶだけではなく、様々な社会的な要素も介在する。ここで全部を紹介することはできなかったが、心理学の帰属理論、また楽観主義・悲観主義・現実主義の考え方などの説明もされていてとても視野が広い。特に心理学の観点から、現在の世界でいかに良く生きるかを考えるものになっている。幅広く知り、考え、選択して生きていくことを励まして、高校生を勇気付けていることに感銘を受ける。フィンランドの教育が、後の人生にもたらすポジティブな影響は大きいと思われる。

良い人生――「良く生きるために」知っておきたいこと

ニーズとは何か

「良い人生」は、教科書1の第4章で、私が高校の授業を見学した時のトピックである。授業で、ティーリカイネン先生が「良い人生」を考える6つのアプローチをパワーポイントで見せたことについては、前述した。ここでは教科書の一部を紹介するが、その前に教科書と授業について少し説明したい。

実は、私がこの教科書を知ったのは、授業を見学した後だ。それ以前は、他の複数の出版社による教科書を読んでいた。授業では紙の教科書は使わないので、どの教科書を使っているのかわからなかったが、見学後、ティーリカイネン先生と話をしていて、ご自身が執筆者の一人であるこのオンライン教科書について知った。その後、出版社に連絡をとり使用許可を得た。つまり、授業を見てからこの教科書を読んだ。

授業は、「良い人生」の初回の授業で、6つのアプローチを示しつつ、スマホと市場経済、広告、消費を問題化。その中で、良い人生とは何かを話し合うものだった。
しかし、実際に教科書を読んでみると、6つのアプローチを中心として記述されているわけではなかった。アプローチを中心として様々な問題を考えるのではなく、様々な問題を考えるツールとしてアプローチを紹介するスタイルで書かれている。

「良い人生」を考える時、衣食住などの基本的なニーズが満たされていることは欠かせない。それは、良い人生のための条件になる。しかし、ニーズとは何かという問題もある。それについては、次のように考察されている。

「釈迦は、人生は苦しみに満ちていること、苦しみは満たされることのない欲望に起因すること、人は未だ持っていないものを常に求め、それを得るとより一層、欲望を増すことを教えた。（中略）苦しみを減らし良い人生を求めるには、満たされることのない欲望を捨てることを説いた」
釈迦は紀元前5、6世紀頃の現在のインド出身、仏教の開祖である。果てしない欲望のためにニーズが満たされることがないこと、求めていたものを得ると欲望が一層増すことを説いた。良い人生のためには、過剰な欲望を捨てるのが良いという考え方である。ここには、「貧しいというのは、少ししか持っていないことではなく、多くを望むことだ」という哲学者セネカの言葉が付けられている。セネカは、古代ローマの哲学者。釈迦にも通じる考えで、どちらも頷ける考え方ではないだろうか。

この章の問いの一つは「私たちのニーズは広告や資本主義、市場経済に誘導されているのではないか」である。過剰な消費への批判として、釈迦とセネカという東西の2人の賢人の考えに言及。釈迦は宗教の側にあるのだが、宗教的な課題を非宗教的に考える「人生観の知識」は、釈迦からもヒントを得ることができる。

過剰な消費について、具体的な例になるのはスマホへの執着だ。これは、高校生にとって、自分の問題として自分自身に引きつけやすい。

「どこかに所属していること、また自尊心は全ての人に必要だ。スマホに執着してしまうのは、何か人間的な基本的ニーズを示すものかもしれない。携帯を通して、他の人と繋がることもできる。ただし、ソーシャルメディアには関わらない人もいる。それも個人の権利と選択だ。（中略）市場経済や隠れた広告に欲望を刺激されて、幸福になることの助けにはならないものが欲しくなる。新しい製品が期待通りではないと落胆し、金で買った幸せは短期間の幸せに終わる。しかし、需要を作らないと経済は成長しない。経済は成長しなければならないだろうか。自然の資源には限界があり、止まることない成長は不可能というジレンマがある」

ここでは、スマホがニーズを考える際の具体的なツールになっていて、それが消費や広告、市場経済に繋げられている。欲望を刺激し続け、需要を作ることによって回る市場経済。しかし、止まることのない経済成長は可能だろうか。また、「金で買った幸せは短期間の幸せに終わる」として、幸福は金では買えないという見方を示している。続いて「将来の世代が必要とするものを危険に晒すことなく、今日の必要を満たせるなら、発達は持続可能なものになる」という1987年の国連一般会議での文言が引用されている。現在のＳＤＧｓ（持続可能な開発）に繋がるものだ。

スマホをツールとして、ニーズを批判的に見る釈迦とセネカの考え、消費、市場、経済、ＳＤＧｓと様々な時事問題に繋げる構成になっている。この部分は、私が見学した授業と重なる。授業では、広告に誘われて次々と新しいスマホに買い替える白人男性と、スマホの原料になる鉱石を手で掘るアフリカの人たちのアニメビデオを見た。こうして、授業と教科書の記述が連結することになる。

貧困問題と知的能力

ここではニーズと関連する問題として、貧困問題が考察されている。自分の「良い人生」について だけ考えるのではない。自分だけ「良い人生」を生きればよいのではなく、衣食住の基本的なニーズを満たせていない人たちがいること、さらに貧困問題について視野を広げることを促している。

「ウェルビーイング国家には、社会保障がある。全ての人に充分な生活レベルを保障することが、社会全般のウェルビーイングを高める。社会政策の目的は貧しい人を助けることではなく、貧困から永続的に抜け出し、貧困に陥ることがないようにセーフティネットを構築することである」

前述したように、ウェルビーイング国家は福祉国家を指す。ここでは、フィンランドの社会保障政策が、貧しい人を助けるよりも貧困に陥らないようセーフティネットを構築することにあると説明されている。それは、「北欧型福祉国家」の特徴でもある。つけ加えると、その実現は1960年代以降になるが、思想的にはより古く、フィンランドの哲学者J．V．スネルマンが1800年代に主張していたものでもあった。

続いて、社会政策の研究者で社民党の国会議員だったペッカ・クーシの著書『60年代の社会政策』が言及される。それは「貧困は人の知的能力も下げる。児童手当が支払われ確かな収入があったら、どんなに異なる人生が可能だっただろうか」を問うものであった。

60年代は、フィンランドがウェルビーイング国家へと大きく転換していった時期である。貧困は知的能力も下げてしまうような深刻な問題という認識を持ち、社会政策の重要な一部として取り組まれたことがわかる。

それは日本で、1979年に自民党が提唱した「日本型福祉社会」とは非常に異なるものだ。日本型福祉社会は自助、共助を基本にして公助が希薄だ。自助、共助として具体的に想定されていたのは、家庭と企業である。家庭で無償のケアを担うのは、妻や母親だ。また、「日本型福祉社会」はスウェーデンの北欧型福祉のあり方を激しく攻撃していた。

現在、日本では貧困化が進んでいるが、生活保護を申請せざるを得なくなっても、役所の窓口での「水際作戦」があって妨害を受け、生活保護に行き着くのも困難な状況がある。さらに、3親等の親族（祖父母、叔父叔母、孫など）にまで扶養照会がされ、普段付き合いのない親族にもプライベートなことを知られてしまうことがある。「共助」が親族に広げられているのだ。

最近、日本では、シングルマザーや高齢女性の貧困が社会問題として取り上げられるようになった。また、全国的に増える子ども食堂が示すように、子どもの貧困も深刻な問題になっている。「良い人生」や基本的な権利という視点から貧困問題を考え、制度をつくることが必要ではないだろうか。

教科書に戻ると、「世界には、極端な貧困の中で生きている人々がいる。食べ物、清潔な飲み水、下水設備、宿泊の場、健康、教育、知識を得る方法も限られている」とある。

貧困は、モノの欠如だけではなく教育や知識などにも関係してくる問題として捉えられている。こうして「良い人生」を自分だけの問題とせず、広く世界の人に目を向けるところには、キリスト教的な救済の思想もあると思われる。

幸福のスキル

幸福という見出しで様々な幸福のあり方が考察されているので、それを見てみよう。

「あなたを幸福にするものは何？」という質問に続いて、ギリシャの哲学者アリストテレスの考えとエウダイモニア（eudaimonia）という概念が次のように説明されている。

「エウダイモニアは、古典ギリシャ語で〝良い〟を意味するeuと精神や神を意味するdaimonを合成した言葉だ。それは幸福、花咲くこと、うまくいくことなどを意味する。一瞬の快感やポジティブな感情ではなく、活動的な人として理性に導かれた人生、また道徳的に価値のある良い人生である」

アリストテレスは、『ニコマコス倫理学』で幸福な人生について考察した。「一瞬の快感」ではなく、「活動的」「理性に導かれ」「道徳的に価値のある良い人生」は、「人生観の知識」が追求するものと重なる。エウダイモニアという言葉にあるeuという接頭語には、「良く」という副詞の意味もある。つまり、エウダイモニアはウェルビーイングとも近い言葉と解釈することも可能かもしれない。

・「幸福は、主観的な感覚としても定義できる。美味しい食事、良い本、健康、仕事、良い友人など」
ただし、美味しい食事などへの傾倒はヘドニズム（快楽主義）でもあるとし、説明は自省的だ。

・「利己的に幸福を求める人から幸福は逃げていく。自分の利益や必要の充足を求める利己主義は、短期的には良いかもしれないが、長期的には、他人のことも考える方が目的に達しやすい。人を助けること、人に与えることは、助けられる存在であることより心地良さをもたらす。人は社会的な存在で、人を助けること、人の苦しみを和らげること等を良いこととして経験する」
利己主義ではなく、利他主義の勧めとも言える。

・「他人を幸福にすること。それは自分も幸福にする。寄付は寄付する人を幸福にする」
これは、前の項目での説明と繋がるものだが、人を幸福にすることが自分も幸福にするという考え方は、日本ではあまり一般的ではないと思われる。「寄付は寄付する人を幸福にする」という考え方には、キリスト教的な隣人愛があるだろう。

・「コミュニティ。人を信頼できる社会では、猜疑心が強く敵意に満ちた社会より幸福度が高い。また、平和で基本的人権が尊重される民主主義的な社会でも、幸福度は高い」

ここでコミュニティは、「人を信頼できる社会」や「平和で基本的人権が尊重される民主主義的な社会」として構想されている。そして、そういったコミュニティでは、幸福度が高いという。歴史的に、フィンランドでコミュニティは、教会を中心として教区と呼ばれるエリアを指してきた。現在コミュニティは、学術的なコミュニティやオンラインのコミュニティ、グローバルなコミュニティなどに広がっている。

一方、日本でコミュニティが意味するのは「地域」であり、地縁的なものになりがちだ。「地域」は、高度経済成長期を経て70年代頃に出現した概念である。それは、文科省が強調する「学校・家庭・地域」という協働関係、また厚生労働省の「福祉・介護地域包括ケアシステム」や「地域包括支援センター」のように、行政が想定する共助のシステムという意味付けもある。コミュニティの捉え方には、大きな違いがあると思われる。

・「遺伝的なもの。多くの研究によって、遺伝子が人の気質を大きく左右することがわかっている。外向的であまり神経質でない人は、内向的で否定的な感情を経験する傾向が強い人よりも幸福である可能性が高い。ただし、人は成長するにつれて、完全に気質に翻弄されるのではなく、状況に応じた対処法を身につけるようになる」

これは、遺伝的なものを認めつつ生物学的な決定論は避け、自分の選択を評価するもので、「人生観の知識」の世界観に合った説明である。

・「人は、常に幸福である必要があるかどうか問うことはできる。悲しみや恐れ、怒りを感じても良い。そうしたネガティブな感情なしには、何か問題を変えたいと思わない」

常に幸福でなくても良い、というのも納得できるのではないだろうか。ネガティブな感情があるから、個人的、また社会的問題を変えたいと思うというのも説得性がある。さらに、次のような考察がつけられている。

・「幸福のあるものは、過去の経験の記憶から生まれる。人生を振り返って、全ての苦しみを覚えてはいないし、苦労したことが大切と思えることもある。深い喜びは、困難を通り抜けた後にしばしば訪れる。つまり、苦しみから逃れることだけが良い人生に必要なのではない。幸福はプロセスであり、考え方でもある」

こうした幸福と記憶の関係も、共感できるのではないだろうか。幸福は今、ここで「これ」と名指せるものではなく、「プロセスであり、考え方でもある」のだ。この項は、次のようにまとめられている。

「一つの普遍的な幸福の定義はない。異なる時代や文化の哲学者、宗教の思想家の考えは幸福の概念を補完しあう。（中略）視点を変えることも役立つ。成功した友人に比べると、自分が惨めに思えてしまう。しかし、出口のないネガティブ思考の輪の中に止まらない、幸福のスキルがある」

幸福は定義できるものではなく、場所や時間によっても異なる多様なものという結論でもある。自分を惨めに思う必要はない。ネガティブな思考の囚人になるのではなく、視点を変えてみることを勧めている。「幸福のスキル」として、幸福も学ぶことができるスキルと捉えている。様々なことをスキルと捉えるのは、フィンランドで特長的だ。それは、積極的に学んでいく啓蒙主義的なスタンスであり、生来的に決まっているものとして諦めない、実存主義的な考え方でもあるだろう。また、ここにも選択という考え方がある。多くのあり方から、自分に合うものを選ぶのだが、選択肢が多い。単純な答えを示すのではなく、幅広い視点を提供していることに感心する。

人権なくして、良い人生は築けない

「良い人生」と人権の関係について見てみよう。教科書には「良い人生とは、基本的ニーズを満たすことであり、基本的な権利の実現と関係している」とある。

逆に言うと、基本的なニーズが満たされず、基本的な権利が実現していないところに、良い人生はないということでもある。「基本的な権利」は、人権と言い換えても良いのだが、人権なしに、良い人生はあり得ない。そうした考え方は、日本ではあまり聞かないが、長年フィンランドに住んでその通りだと思う。人権は、良い人生のための基本的な条件とも言える。その意味で、日本の学校では人権が人に対する「思いやり」として教えられ、より深い意味が理解されていないのは大きな欠陥だろう。人権が充分に認められていない、あるいは人権の理解が充分ではない時、良い人生は築けないからだ。

教科書の「基本的ニーズと基本的権利」というコラムは、「国連の世界人権宣言（1948年）は、基本的ニーズの充足を全ての人の権利の出発点としている。それは、基本的な権利として考えることができる」としている。つまり、基本的なニーズの充足は人権であるという同じ考え方が繰り返されていて、それは世界人権宣言が規定しているという。ここで具体的に挙げられているのは、世界人権宣言第3条「すべて人は、生命、自由及び身体の安全に対する権利を有する」、

第22条「すべて人は、社会の一員として、社会保障を受ける権利を有す」、第25条「健康及び福祉に十分な生活水準を保持する権利」、第26条「すべて人は、教育を受ける権利を有する」などである。

実際に世界人権宣言を読んでみると、様々な基本的な権利が言及されていることに気づく。基本的要求を満たすこと、つまり良い人生への権利は、世界人権宣言が規定しているというのは新しい知識であり、また心強いことではないだろうか。世界人権宣言は法律ではなく拘束力は持たないが、基本的なニーズを満たす権利は国のレベルを超え世界人権宣言で述べられている基本的な人権であることになる。ここにも、自分から発して世界に繋がるという「人生観の知識」の世界観がある。

フィンランドでは、国連に対する敬意が日本より強い。国連は、個々の国家の上位にある国際機関であり、様々な国内の規定に根拠を与える。より良い世界の実現を目指すことを目的とする機関という理解からくるものだろう。同じ目的を共有する仲間でもある。

一方、日本の学校は治外法権と言われ、国内法とも繋がらず断絶している。自分から発し、世界に繋がるという感覚もあまりない。残念ながら、日本では権利意識が弱く世界人権宣言への関心も低い。また、国連からの提言に反発するケースも多い。最近のケースとしては、東京・神宮外苑地区で進行中の再開発事業がある。国連人権理事会は2024年5月末、住民協議が不十分とする報告書を出したが、それに対し日本政府は全文削除を要求している。

日本弁護士連合会が、日本の人権は様々な分野において「国際人権（自由権）規約」の求める人権保障の水準に達していないとし、改善を求めたのは1996年である。日本は、「国際人権（自由権）規約」を1979年に批准したが、そこに付帯する第一選択議定書を批准していない。それは、人権を侵害された個人が国際人権規約委員会に救済の申立てを行う制度を定めたもので、規約の実効性を確保する上で重要なのだが、不備は改善されていない。

「良い人生」のためには人権が必要なのだが、日本ではその条件が整っていないと言えるのだ。

潜在能力（ケイパビリティ）のアプローチ

ここでは、アメリカ・シカゴ大学教授のマーサ・ヌスバウムとインドの経済学者アマルティア・センのニーズのアプローチ、「潜在能力（ケイパビリティ）」を見てみよう。

「ニーズには多くの理論があるが、最新のものの一つは潜在能力のアプローチだ。それによると、社会は何よりもまず、個人が自分で選んだ人生を生きる可能性を保障すべきである。潜在能力とは、何かをしたり、何かになったりできる能力を意味する。ニーズの充足は、ウェルビーイングと幸福に導く」

社会が「個人が自分で選んだ人生を生きる可能性を保障すべき」というのは、フィンランドの社会政策や社会保障と近い考え方だ。

「望めば、それができる。自分にとっての良い人生を歩める自由。そのために必要なものが提供される。良い人生は、自分にとって大事なことを選べることで実現する。潜在能力は、個人が活動する場における個人的な特質と、ある社会的環境の結節点だ。社会の任務は、全ての人が自分らしい良い人生を生きられるような環境を保障すること。個人の責任は、提供されたものを分別ある方法で使うことである」

個人が苦労して生きていくのではなく、国家が任務として良い人生のための環境を保証する。個人の責任は、提供される選択肢の中から選び、潜在能力を実現することという考え方である。

それは、日本では一般的ではない。公助が少なく自助共助が強調されるが、制度的なサポートなしに良い人生を生きていくのは難しいだろう。日本でよく耳にする「生きづらさ」は構造的な問題であることが多いのだが、うまくいかないと「自己責任」とされてしまうシステムでもある。

さらにヌスバウムによる潜在能力の10のリストが挙げられ、説明が続く。少し長くなるが引用しよう。

1. 人生。通常の長さで、尊厳ある人生を生きられる。
2. 身体的健康。充分な栄養や医療、安全、保護を得られる。
3. 身体的な不可侵。暴力への恐れがなく、安全で安心できる感覚。自由に場所を移動することができる。性的充足への権利、リプロダクティブ・ライツ（著者註：子どもを産む／産まない、いつ産む、何人産むなどを自分で決める権利）。
4. 感覚、想像力、思考。五感を使い、想像力を発達させ、充分な教育に基づく思考ができる。政治、文化、宗教等の領域で自分を表現する自由。
5. 感情。他人を愛し、他の人や物事に繋がり、ケアし責任を持てる。
6. 実用的理性。善悪の判断、自分の人生を生きるにあたって、批判的に思考できる。
7. 所属。他人と社会的で相互的な関係に生き、エンパシーを持ち、自分、また互いの尊厳を尊重できる。
8. 他の種との繋がり。様々な動植物や自然と共に生きることができる。
9. 遊び。笑い、喜びを感じ、ゲームや趣味、余暇を楽しむことを妨げられない。
10. 物質的・政治的環境のコントロール。政治的な参加、自分自身の選択、思想の自由、労働に平等に参加する権利。

ヌスバウムのリストには、不可欠な基本的ニーズと人生の質に関わる人間的なニーズの両方があり、ニーズの理論として見ることもできる。また、潜在能力は世界中の人々が持つ権利としていて、人権思想からの影響を受けている。

ヌスバウムとセンは、国連の「人間開発指数（ＨＤＩ）」にも影響を与えた。それは、国民総生産のように経済的な側面からのみ見る従来の計量方法を批判し、平均寿命や教育を付け加えている。ヌスバウムは、人文系の教育自体の価値も強調する。

「言語、歴史、哲学を学ぶのは、効率的に企業に利潤をもたらすからではなく、民主主義社会を維持するために必要な教養ある人を生み出すために必要だ。民主主義社会で、人は自分自身の方法で良い人生を生きることができるとする考え方である」

１５９ページのリストは、身体的健康や不可侵から発し、感覚、感情、理性、所属、動植物や自然との繋がり、遊びや余暇、政治的参加などに広がっていく。それは世界の全ての人々が持つ権利として構想され、普遍的な人権思想を持っていて、ここでも良い人生には、人権が必要であることが前提とされている。また、人文学系の教育自体の価値を強調し、企業に利潤をもたらすからではなく、民主主義を維持するための教養を重視するスタンスも、「人生観の知識」と共通している。これら全てを実現できるのは豊かで恵まれた社会であり、理想であるだろうが、様々なビッグデータの使用が可能になった現在、こうした側面から達成度を測ろうとする試みが出てくることは理解できる。

少し説明すると「人間開発指数」は、１９９０年から始められた国連による調査で、健康で長い人生、知識、生活レベルの３つの側面での達成度を測るものだ。各国はランキングされていて、２０２２年はフィンランドは11位、日本は19位だった。国民総生産のみによる評価のような経済至上主義を避ける一方、企業への利潤にも目を向け、人文科学系の価値や教養も重視する。民主主義社会の維持には教養ある人が必要であり、民主主義社会で自分らしい良い人生が生きられるという考え方を持つ。「人間開発指数」のこうした考え方は、「世界幸福度レポート」とも共通している。

付け加えると、ヌスバウムの10のリストは旧約聖書の十戒を連想させ、背景にはキリスト教的な世界観があることを伺わせる。しかし、「殺してはならない」「盗んではならない」「偽りの証言をしてはならない」など十戒に否定的な命令や禁止が多いのに対し、ヌスバウムのリストは権利や可能性など全て肯定的だ。

「幸せ願望」に支配されないフィンランド

「世界幸福度レポート」は、「国連持続可能開発ソリューション・ネットワーク」が２０１２年以降、２０１４年を除いて毎年発表してきた調査である。フィンランドが２０１７年以降７年連続で1位だったことは、日本でも話題になった。ちなみに２０２４年の日本は51位である。

教科書では、「フィンランドは、何度も世界一幸福な国と公表された」として、世界幸福度レポートにふれている。ただし、具体的に何度かは書かれておらず、回数にはそれほど重要性を置いていないようだ。世界幸福度レポートは、主観的なものと客観的なものの複数の調査と統計を組み合わせるものであること、またその方法について説明しているが、「〝世界一幸福な国〟とされるフィンランドでは、50万人近い人が抗うつ薬を使っている。幸福度でトップにある他の北欧諸国で、抗うつ薬の使用はさらに多い」として、やや皮肉な口調である。

1位になったからといって、特に舞い上がらないこうした反応は一般的なものと思われる。人は、仕事や人間関係で様々なストレスを感じやすい。フィンランドでは、抗うつ薬の使用や処方に抵抗感が少ないので、使用者の数が多いとしてもそれほど不思議ではない。

「世界幸福度レポート」には、毎年異なるテーマがある。２０２４年のテーマは「人生の異なる段階での幸福」で、若者（30歳以下）、前期中年（30〜44歳）と後期中年（45〜59歳）、老年（60歳以上）の4段階に分けて調査された。それによると、2021〜2023年でフィンランドは総合1位、若者7位、前期中年1位、後期中年1位、老年2位である。30歳以下の若者の幸福度は、他の年代に比べて低かったことになる。

一方、日本はそれぞれ51位、73位、63位、52位、36位だ。日本は、どの年齢グループでもフィンランドより幸福度が下がるのだが、若者の幸福度が最も低い点では似ている。ただし、日本では60歳以上の幸福度が最も高くなっている。

幸福という主観的な感情に順位をつけられるのか疑問に思ったり、反発を感じたりする人もいる。しかし、結論を先に言うと、世界幸福度レポートは、新しい経済の尺度であり、ウェルビーイングに関する各国の政策の度合いを計るものであることが重要だろう。

従来、各国の経済発展度はGNP（国民総生産）によって示されてきた。しかし、そこには生活の実感が伴なわず、自分の生活とどう関連するのかはわからない。国の経済が発展しても、必ずしも個人レベルでの生活の質が高まるわけではない。従来のアプローチへの批判から、幸福度やウェルビーイングを重視する方向への転換があった。

幸福度の調査では、複数のソースからの情報が使われる。経済の指標として使われるのは、GNPではなく、一人当たりのGDP（国内総生産）である。2023年の日本のドル建てGDP

（名目国内総生産）は、ドイツに抜かれて世界3位から4位に転落した。円安の影響で目減りしたという説もあるが、実は円安はあまり関係ないようだ。また、日本の人口は世界11位と多い。GDPが世界4位というのは総体としてであって、2022年の一人当たりの日本のGDPは世界38位である。フィンランドは21位だ。

一人当たりのGDPに加えて重視されるのは、社会的支援や保障、身体的・精神的な健康と寿命、生きる上での選択の自由、他人への寛容、腐敗の少なさ、政治への信頼度などの基準だ。その理由は、それらが幸福とウェルビーイングに直接影響を与えると考えられるからである。それらは、フィンランドが国の政策として進めてきたことであり、結果として幸福度が高くなるのは不思議ではないだろう。

さらに、世界幸福度レポートは客観的なデータを得るために、1．生活の評価、2．ポジティブな感情、3．ネガティブな感情という3つの指標を使っている。ランキングの基になるのは1つ目の「生活の評価」で、主にギャラップ世界調査の結果を使う。ギャラップ世界調査は、経済、政治、宗教、市民の活動、教育、家族などに関して質問し、「キャントリルの階梯」と呼ばれる方法で答えてもらう。最低の0からトップの10の段階で、自分がどこに当たると思うかを数字で答える方法だ。毎年約150カ国で約1000人を調査しており、世界幸福度レポートは、より正確な結果を得るために3年間のデータを使って分析している。フィンランドの平均回答は8弱である。

これらに加えて、国際的な研究団体が実施する「世界価値観調査（World Values Survey）」も活用されている。民主主義や寛容、ジェンダー平等、宗教、ウェルビーイングなどに対する価値観や信条に関する国際的な調査である。こうした調査による情報を総合的に活用し、幅広いデータを使って、経済学や心理学、統計学など様々な分野と出身国の研究者によって執筆されている。そのテーマは毎年異なっていて、ソーシャルメディアや投票行動、環境、都市、新型コロナなどがあった。世界幸福度は日々の生活のクオリティや体感も含んだ幅広い指数ということになる。

フィンランドで幸福度が高いのは、社会政策が成功していると見ることも可能だろう。

世界幸福度レポートでは、幸福と並んでウェルビーイングという言葉も多用され、ほぼ同義語として使われている。フィンランドで、幸福とウェルビーイングは同義語ではないが、重なる部分もある。ウェルビーイングの方が、より広く包括的な概念である。

ここで見たように、幸福には様々なアプローチがある。90年代末頃から、心理学と経済学が幸福という概念に接近し、一種の政治利用を始めた。また、国連は2013年に3月20日を「国際幸福デー」に指定し、幸福を世界的に望ましいものと位置づけた。それはポジティブであることを良しとし、ネガティブであることを忌避する風潮を後押しし、個人的な感情が政府の政策や商業的目的のために利用される傾向を生んだ。『批判的幸福学』（2020年、未邦訳）は、そうした経緯も含めて幸福を批判的に考察する本である。

また、幸福は自己啓発的なものとも結びつく。『ハッピークラシー 「幸せ」願望に支配される日常』（2022年）は、そうした傾向を批判する本である。ハッピークラシーは、ハッピー（幸福）とクラシー（支配）の複合語で、「幸せの追求はじつのところ、アメリカ文化の最も特徴的な輸出品かつ重要な政治的地平」「グローバル産業」と批判している。

それは、幸福であるための自己啓発や自己管理に向かわせ、幸福が新自由主義経済の構造的な問題から目を逸らさせる装置になると指摘する。

しかし、「人生観の知識」の中で、幸福や良い人生はハッピークラシーではない。幸福を批判的に検証する最近の流れの中で、フィンランドが7年間連続して世界幸福度ランキング1位であることは、やや皮肉でもある。

しかし、それは「人生観の知識」が示すように、幸福を道徳哲学とすること、良い人生や幸福は手段としての価値ではなく、それ自体の価値であると考えること、自分らしく良い人生を生きていける社会的な制度があること、その制度を提供するのは国家の責任であるという思想があること等が可能にしていることかもしれない。

良い人生のモデル――宗教的視点、非宗教的視点で考える

非宗教的な良い人生と宗教的な良い人生

教科書1の最終章は「良い人生のモデル」というタイトルで、主に「非宗教的な良い人生」と「宗教的な良い人生」の2つが説明されている。「良い人生」という章が前にあるので重複するようでもあるが、前の章では消費や貧困、人権、幸福などからのアプローチだった。この章は、宗教と非宗教を軸として良い人生とは何かを考えるものだ。それだけ、良い人生を考える視点が多様なことを示すものでもあり、良い人生を考える上で、宗教が果たしてきた役割の大きさを感じさせるものでもある。また、宗教についてあまり知らない生徒には、宗教について基本的な知識を与えるものにもなっている。

日本の読者も、フィンランドの宗教についてあまり馴染みがないと思われる。また、日本では宗教というとカルト的なものを連想したり、危険で過激なものというイメージもあるようだ。

少し説明すると、フィンランドで宗教は社会の中で一定の位置と役割を担っている。例えば、年中行事はキリスト教が中心になる。最も重要なのは、キリスト生誕を祝うクリスマスとキリス

ト復活を祝う復活祭である。イースターは、処刑されたキリストが、死後3日で生き返ったことを祝う春のイベント。細い絵筆で卵に描かれた美しい細密な模様の飾りが楽しい。卵は、新しく生まれる命を象徴している。クリスマスと違って決まった日にちはなく、春分後の満月の後の最初の日曜日と決められていて、年によって3月末から4月末までの幅がある。

6月の夏至祭も重要な行事だ。元々は洗礼者ヨハネの生誕を祝うものだったが、現在は「キリスト教以前」の自然信仰への憧れも感じさせるものになっている。湖のほとりで、大きな焚き火をする習慣があるが、都市部での焚き火は禁じられている。

クリスマスは、24日のクリスマスイブに加え、26日は「聖ステパノスの日」という休日だ。イースターと夏至祭にもそれぞれイブがある。また、イースターは週末を挟んで4日程度の休日になるのだが、さらにこれらのお祝いについては「イブのイブ」がある。前日の前日、つまり2日前ということだが、2日前にはすでに休日の気分が漂ってソワソワし、職場などには半日顔を出しただけで帰宅することも珍しくない。

司祭からのメッセージ

興味深いのは、ルター派教会や司祭が社会的な関心事などについて、メッセージを出すことだ。一つ例を挙げると、２０２３年2月にマリ・レッパネンという司祭が全国紙に寄せたメッセージがある。レッパネンは1978年生まれ。2020年にトゥルク大司教区の司祭に選ばれた。当時42歳で、3人目の女性司祭だった。ルター派教会の聖職者には牧師、司祭、大司祭の3つの階層がある。

ちなみに、女性が初めて牧師になったのは1988年。2023年3月現在、牧師の51％は女性だ。現在、女性の司祭は11人中3人、大司祭は男性1人という構成である。教会は、一般社会より保守的で女性進出の歩みは遅い傾向がある。ただし、宗教界でも「高学歴化」が進んでいて、司祭11人の内、6人が博士、5人が修士だ。分野はほとんどが神学である。

レッパネンの記事は「私たちは皆、アサイラム・シーカー（避難所を求める人）」と題されていた。それは、シリアから難民として5年前にフィンランドに来た知り合いの女性を軸として書かれている。その女性は3児の母で、ケアワーカーの助手として学びながら、老人施設で働いている。レッパネンは、近い将来、労働力が減少するフィンランドは移民を必要とすること、また、相互に信頼できる関係づくりが社会政策と草の根レベルの両方で必要なことを説く。隣人として、子どものクラスメートの親として、子どもの公園での知り合いとして、仕事の同僚として、親しく接し、家に招いたり必要な時は相談に乗ったりする。移民として、あるいは異文化からの「彼ら」としてではなく、人間として友人としての関係が重要だという。そして、「私たちは皆、この世界で避難所を求めている――一時的な居住許可だけを持つこの世界で」と結んでいる。

避難所は、拠り所とも訳せるだろう。それは、過酷な状況にある祖国を逃れて来た人たちだけが求めるものではない。この世界に生まれ、ある時間を過ごし、そして去っていく私たちは皆、人生に拠り所を求めるという意味で同じだという発言である。移民であれ、フィンランド人であれ、この世界で持つのは、実は「一時的な居住許可」にすぎないという洞察が示されている。

移民は、フィンランドに来て社会保障を享受するだけと考え、敵意や悪意を抱く人もいる。そうした考え方を諫めながら、この世界に一時的に生を受けた存在として私たちは等しいという視点は心に残った。フィンランドは、労働力として移民を必要とし、同化政策を進める必要はあるのだが、キリスト教的な愛や寛容、道徳観に基づくものでもあった。

ただし、神など宗教を感じさせる言葉は使われていない。書き手が司祭だから、宗教的な立場からのメッセージだとわかるのだが、そこにある考え方は「人生観の知識」ととても近い。例えば「私とアイデンティティ」で、教科書が社会心理学の内集団と外集団という概念を使って説いていることと、主張がほぼ一致しているのは興味深い。

同性婚から見えてくる課題

社会における宗教の位置や役割について、もう一つ例を挙げたい。現在、教会に所属しているのは、人口の約68%。前述したように、2000年代以降、急速に減り始めたのだが、その理由の一つとして教会の保守性がある。それは、同性婚の問題によって炙り出されたのだが、問題はなかなか複雑だ。

まず、簡単に異性婚の歴史を見てみよう。フィンランドで、教会での結婚が始まるのは１５００年代である。その後、１７３４年の法律によって、教会での結婚が唯一の結婚の形として規定された。しかし、信教の自由が認められるようになり、１９１８年になると非宗教的な「シビル結婚」が可能になった。シビルは「市民の」「市民的な」「宗教的ではない」等を意味する。「シビル結婚」に牧師はいない。デジタル人口登録庁か地方裁判所の担当者が出席し、自宅やその他好きな場所で行うことができる。服装は、ウェディングドレスやタキシードではなく、シンプルなことが多い。届出だけで済ませることもできる。しかし、１９６０年代以降になると、結婚という制度が廃れ始め、結婚しないカップルが急速に増えて現在に至っている。

同性婚の議論が社会的に盛り上がったのは２０１０年代だ。２０１４年に、国会で婚姻法が改正され、同性婚が合法化されたが、それに反対する市民イニシアティブが起き、実現は２０１７年に持ち越された。同性婚が議論されていた時、よく耳にしたのは「教会で挙式して、異性婚と同じように神の祝福を受けたい」という当事者の声である。しかし、「教会で挙式して神の祝福を受けたい」という考えは、結婚を非宗教化して「シビル結婚」を出現させた経緯に逆行するものという側面がある。

教会の側からすると、聖書にあるアダムとイブの物語のように異性愛、また異性婚が規範であり、同性愛や同性婚はキリスト教の根幹的な価値を揺るがすものだ。しかし、「神の前で人は平等である」という平等思想も持っており、解決が難しい。同性婚は合法化されたが、牧師が結婚式を執り行うことを義務付けてはいない。教会は、司祭会議や教会会議による決定権を持つので、婚姻法は教会の解釈を妨げない、というのが教会の見解である。ただし、牧師が同性婚の結婚式を行うことは、禁止されていない。現在、同性婚の結婚式を行う牧師は少数いる。結婚式は行わないが、別の場所で「シビル結婚」した2人に、結婚後に祝福を与える牧師もいる。牧師とその所属する教会の意見が、一致していないこともあるが、牧師が同性婚の結婚式をした場合、教会との意見の相違を理由に、結婚が無効化されることはない。

教会は、社会の変化と共に教会も変わっていくことが望ましいこと、結婚の概念を拡大していく必要があること、将来的には見解が統一されることが望ましいとしているが、同性婚に関して、統一された見解はないのが現状だ。教会に所属する人たちの意見も様々である。同性婚を容認、または希望する人がいて、教会の保守性に落胆し教会から離脱するケースがある。逆に、同性婚の結婚式を行った牧師や教会に抗議して離脱する人もいる。教会にとっては、むずかしい問題である。

知人の女性カップルのケースを挙げると、長年人生を共にし、教会での結婚式を望んだが、祭壇の前での結婚式は認められなかった。牧師との話し合いを経て、教会の入口の階段での挙式になったが、教会の扉は閉じられていた。結婚は大きな喜びだったが、わだかまりを残すものになった。２０１９年６月のことである。

結婚の問題は、フィンランドでは「実用神学」や「結婚神学」と呼ばれる領域に属す。結婚が、聖書の解釈などに関わる神学的な問題であるのは、結婚と宗教に関係のない日本との大きな違いだ。宗教の意味や位置付けが、日本よりはるかに大きい社会である。だからこそ、宗教しか選択肢がないのではなく、非宗教的な「人生観の知識」という科目が求められ、少数の生徒のための教育を提供していることになる。

非宗教的に良い人生を考える

前置きが長くなったが、教科書に戻ると「非宗教的な良い人生のモデル」としてヒュマニズムを考察している。ヒュマニズム的な思想は、古代インドや儒教にも見られるが、この教科書のヒュマニズムは古代ギリシャ・ローマ、ルネサンスを経て啓蒙主義につながるヨーロッパの思想を指している。それは、科学に基づく合理的な哲学、また人文科学やアートを尊重し、人の尊厳や個人の自由、社会的責任遂行を信じる。参加民主主義や社会正義を推進しようとする立場である。

つまり、「人生観の知識」が足場にするのはヒュマニズムだ。

教科書の説明は次のようだ。

「世俗的ヒュマニズムは、尊厳を最も重要な倫理的な価値とする。世界を説明するのは宗教ではなく、教養や文明の伝統と哲学的理想から生まれた世界観である。重要なのは、道徳的な意思決定とあらゆる行動における善の追求だ。ヒュマニズムは人間中心主義であり、人はかけがえがなく、尊厳を持ち、自立した個人であると考える。さらに、全人類のウェルビーイングに責任を持つと。(中略)ヒュマニズムに典型的と言えるやや楽観的な人間観は、人間の理性と道徳性への信頼を基盤にしている。ヒュマニズムは理性的な観点であり、人は自分の行動に根拠と意図を与えることができ、行動の結果についても理解できると考える。(中略)人生の緒問題やグローバルな課題は、理性的な解決策を模索し、科学的な探究によって解決することができるとする」

尊厳、道徳的な意志決定、善の追求、自立した個人、理性的、科学的など、ここに描かれるのは近代的人間観である。

「世俗的な世界観に特徴的なのは、この世の人生に集中し、それを楽しむこと。(中略)宗教を持たないことは、個人が自分自身の価値の選択について責任を持ち、道徳的に自立していることを意味する。他の誰も善悪を規定しない時、自分自身で考える勇気が必要になる。道徳は内面化され、それを支えるための強い権威は必要ない。法律は様々な少数派の権利を守り、自分自身の幸福を追求する自由がある」

「この世の人生に集中しそれを楽しむ」というのは、現世での苦しみは、死後の世界での幸福によって報われると説くキリストの教えに対するものだ。宗教の戒律や規範に縛られずに、今ここで現世を生き、楽しむことでもある。

キリストは、人間の罪を負い十字架にかけて処刑され埋葬されたが、3日後に生き返って復活した。それに倣って信者も死後復活し、天上で永遠の命を得ると考える。しかし、世俗的なヒュマニズムは来世を信じず、現世を生きて楽しむことが対置されている。

「自分自身の価値の選択について責任を持ち、道徳的に自立している」「道徳は内面化され、それを支えるための強い権威は必要ない」というあり方は、これまでに説明されてきたように、「人生観の知識」が理想とするものである。そして、それを可能にするのは「法律は様々な少数派の権利を守り、自分自身の幸福を追求する自由がある」社会である。この考え方も前に見たが、それは、福祉国家や法治国家であるだろう。つまり、「北欧型福祉国家」を導き出すものでもあるのだ。

人間であることは、そんなに特別なのか

「ヒュマニズムの出発点は尊厳であり、それは基本的な価値とみなされるので、人権が重要になる。ヒュマニズムの価値は、ヨーロッパのアイデンティティの核になるものだが、人々を結びつけることができるので、ヨーロッパの外でも大切になる。ヒュマニズムは無宗教であることに結びつく必要はなく、宗教を認めるヒュマニズムもある。しかし、大多数のヒュマニストにとって無宗教は重要であり、世俗的なヒュマニズムを語ることになる。また、異なる考えを持つヒュマニストが協働することもある。価値の基盤が充分に共有されていると、それは可能だ」

ここでは、ヨーロッパで生まれたヒュマニズムが世界に広がり、人々を結びつけ協働するという画像が描かれている。

ただし、ヒュマニズムに対する批判的な見方も示されている。

「世界人権宣言には、『すべての人はかけがえがなく、生まれながらにして尊厳と権利において平等である』とある。人は唯一無二で価値ある存在ということになるが、哲学的には、それは人間だけなのか、他の生き物は含まれないのかを問うことができる。人間であることは、そんなに特別なことだろうか」という問いである。ヒュマニズムの人間中心主義への批判として、ポストヒュマニズムという潮流もある。

「長いこと人間は万物の長であり、特別の存在とされてきた。（中略）人は長い間、自分の行動によって取り返しのつかない損傷をエコシステムにも動物にも与えてきた。（中略）人間中心の視点からは、自然そのものに価値はなく、自然は人間のために存在する。森や大地の価値は、その資源にあると考える。環境を破壊するものであっても、多くの国は北極から石油やガスを探すことを認める。しかし、自然を中心とした観点から見れば、人間に特権はなく自然の一部に過ぎない。自然は人間に利潤をもたらすための資源ではなく、その価値は人から見たものによって決まるのではない。人は他の種の中にあり、自然の資源についての特権はない」

ここでは、人間の傲慢さに加え、自然そのものの価値ではなく、人間に利潤をもたらすものとして自然を捉えること、また、収奪的な経済を批判している。フィンランドは「森と湖の国」と呼ばれることがある。それは、1800年代に創出されたイメージだ。湖が多いのは「湖のフィンランド」と呼ばれる中央部である。また、フィンランド南部と西部は海に面し群島も多い。森と湖に加え、海と島を愛する人は多く、自然は身近で大切な存在だ。こうした環境は、人間中心主義批判やポストヒュマニズムを受け入れ易い下地になっているかもしれない。

ただし、ポストヒュマニズムは「人生観の知識」が依って立つヒュマニズムを否定するものではない。批判的思考は常に重要であり、批判を繰り返しながら新しい知を生み出し、再構成していくことは「人生観の知識」が目指すことである。

動物との関係についても考察されている。

「人間は歴史的に動物を家畜化し、一緒に生きられるように変えてきた。人間がいなければ生きていけなくなった動物もいる。動物の利用価値は高い。食物、洋服や靴、その他の製品の原料、盲導犬や牧畜犬・警察犬、匂いの識別、物の運搬、実験での利用。動物は家族の一員でもあり、猫のビデオで癒される。動物にも知覚や感情、知能がある。類人猿やゾウ、イルカは鏡に映る自分を認識し、豚や犬、鳥の中には、ヒトの幼児の問題解決能力を超える知的能力を持つものもいる。人は動物を子どものように感じたり、擬人化したりもする。一方、動物を食用にしたり、家畜と野生動物に分けることを不正と感じる人もいて、動物に対する態度は矛盾に満ちている」

これは、アニマルライツ（動物の権利）や動物のウェルビーイングにも繋がっていく考え方である。

「人生観の知識」はヒュマニズムを基盤とするのだが、人間中心のヒュマニズムから動物も含めて広がっていく。また、動物への視線の根底にはキリスト教的な世界観があるだろう。旧約聖書の「創世記」にある「ノアの方舟」は、神が人間と様々な動物を方舟に乗せて、大洪水から救った物語である。人間には、神が創造した動物と倫理的に正しい関係をつくっていく責任があるという意識を発展させたと思われる。

良い人生を送るための「実存主義」

「宗教的ではない良い人生のモデル」として、実存主義を見てみたい。実存主義は、これまでにも何度か出てきたが「人生観の知識」にとって重要だ。理由の1つは自分自身の選択を重視するからである。まず古代ギリシャの哲学者アリストテレスが、本質主義として挙げられ、それを批判したサルトルの実存主義者が対置される。

「アリストテレスは、人にはあらかじめ与えられた生来的な本質があると考えた。人生の目的は、それを実現すること。しかし1800年代になって、実存主義はアリストテレスの考えを逆にし、自分の選択によって自分の存在と人生を形成すると考えた。人には選択の自由があるが、全ての選択には責任が伴う。人は自分の人生の道をつくり、選択について自分以外の誰も責めることはできない。つまり、人は自由という審判を受けたようなものだ。自分の選択について責任を持つことが審判であり、それを避けることはできない。

サルトルによると、選択しないこともまた選択である。進路指導の先生と応用科学大学に行くか、大学に行くかを決める。どちらも選ばなかった場合も、ある選択をしたことになる」

ここに出てくる「自由という審判」という表現は、キリスト教の「最後の審判」を思い起こさせる。最後の審判は、世界の終わりに、神が、それぞれの人がどう生きたかについて下す審判で、良く生きた人は天国で永遠の命を得るが、そうでない人は地獄で苦しむことになる。最後の審判は、キリスト教文化のテーマとして重要だ。「自由という審判」という表現は、そうした下地があって使われているものだろう。

ここでは、「選択しないこともまた選択」であることが、高校生の直面する進路の選択に引きつけて書かれている。「応用科学大学」は、より実践的なことを学ぶ4年生の大学で学士号を得る。「大学」は、理論的なことを学び修士号取得を目的とするという違いがあるが、どちらも選ばない生徒もいる。いずれにしても、その選択は自分の責任になる。

続けて「サルトルの実存主義は、選択という行為の意味を定める。しかし、選択の可能性に影響するものも認めている。日常生活において、選択は無限にあるわけではない。能力、遺伝、経済的状況など様々な条件がある」とある。

実存主義は、自由と選択、責任だけを論じているのではなく、選択が無限ではないこと、様々な条件によって限られることも認めている。それは、全てを自己責任にしてしまわないために大事なことだろう。人は自己責任だけに還元できない様々な条件や、予想していなかったことなどの制約の中で生きているからである。

日本で自己責任という考え方は、２０１０年代以降急速に広まったようだ。そこには、突き放すような冷たさがある。また、日本の自己責任論には、自分一人で生きていけという「個人主義」的なものがあることに奇異な感じを受ける。日本では、「個人主義」ではなく「集団主義」が主流だからだ。つまり、普段は「集団主義」なのだが、人を突き放す時だけ「個人主義」になるような印象がある。

「人生観の知識」は、「個人主義」的である一方、個人は常に社会の中の個人である。また、個人の社会的・道徳的責任を強調する一方、市民が良い人生を送れるような制度を提供するのは国家の責任という考え方があることは、これまで見てきた通りだ。つまり、単純化するとフィンランドと日本では、考え方が逆になっているとも言えるかもしれない。

人は生来的に悪なのか

ヒュマニズムは善や善意を強調するが、現実の世界には様々な悪が存在するので、人間について考える時、悪の問題は避けて通れない。人間は悪の存在なのかという、性悪説の疑問がある。教科書では、フロイトとニーチェ、ルソーの悪に対する考え方が紹介されている。

「フロイトには、〝死に向かう欲動〟という概念がある。それは、攻撃性とリスクを伴う行動を起こす衝動である。人には、本質的に暗い側面があり、悪は人に自然な特質と考える。フロイトは、エロス（創造、生きる欲求）とタナトス（破壊、死への欲動）という2つの側面からも考察した。

ニーチェの考えでは、人はカゴに繋がれた野蛮な獣で、社会の厳格な道徳の要求に従わせることによってのみ規律を与えられる。ニーチェは、善と悪を人間の特質とは考えず、ヒエラルキーをつくるための社会的手段とした。人はより多くを求めて創造する力に満ちていて、それが更に欲望を掻き立てる。社会的に見ると、それは権力への志向や貪欲であると考えた。

ルソーは、より楽観的で人間は生来的に悪ではないと考えた。人の貪欲、競争好き、妬み深さは社会的に形成されたものである。社会の人工的な構造とヒエラルキーが、人間の間に不平等をもたらし、そのために個人の間に競争が生まれる。私的財産と社会が人を堕落させるが、自然に帰ることによって人は生来の平和的存在に戻り、生まれた時の状態になる。自由な個人は、社会で真に協働することができ、全ての人の利益を求める共通のゲームのルールに合意できると考えた」

ヨーロッパの精神科医や哲学者の異なる考え方を簡潔にまとめていてわかりやすい。こうした知識をきっかけにして、さらに深く知りたいと思い自分で調べていく高校生もいるだろう。

通過儀礼にも自由がある

以上は思考のモデルとなるものだが、実際の行為についても非宗教的なものが用意されている。通過儀礼は成人や結婚、死亡など人生の節目を記す儀礼を指す。

「宗教を持たない人には、持たない人のための人生の節目を祝う儀式がある。若者にはプロメテウスキャンプ、結婚は非宗教的なシビル結婚。葬儀も、牧師を呼ばずに行える。大切なことを祝う既成の伝統がない時は、内容など自分で自由に決めれば良い。市民組織からもアドバイスを得られる」

プロメテウスキャンプは、堅信礼の代わりになる合宿だ。堅信礼は、教区が主催する宗教的な合宿で、牧師の主導によって15歳の子どもたちが6月の夏至祭の頃、1週間程度を共に過ごす。キリスト教徒としての自覚を深める通過儀礼で、白くて長い装束を身に纏う礼拝などがある。それまで洗礼を受けていなかった場合は、そこで洗礼を受けることもできる。子どもが堅信礼の合宿から帰ると、親は親族や友人を招いてパーティをするのが普通だ。

一方、宗教を持たない、あるいはキリスト教徒ではない生徒のための合宿が、プロメテウスキャンプである。精神的な成人になることを記するもので、自分や学校のこと、時事問題、生と死など様々な課題を話し合ったり、スポーツやキャンプ、ゲームをしたりして過ごす。主催するのは、このキャンプ開催に特定した全国的な市民組織である。

息子も参加した。フィンランドで最も澄んでいると言われる湖に近い場所で、保護者の訪問日に夫と行き、食堂で昼食を共にした。参加しているのは、それまで全く面識のなかった子どもたちがほとんどなので、1週間過ごすことを少し心配していたのだが、家に帰りたいと言うこともなく、和やかに過ごしているようでホッとした。同じグループに父親がエジプト出身の少女がいて、親が外国出身ということで互いに親近感を感じたようだ。フィンランドでは、ほとんどの15歳がどちらかの合宿に参加している。

シビル結婚については前述した。宗教を持たない人のための結婚である。付け加えると、最近日本で聞く「人前婚」には同様の意味があるだろう。人前婚は神仏の前で行う結婚式ではなく、家族や親類、友人、知人が立ち会う結婚式だ。ただし、日本で最初の神道の神前婚を行ったのは、大正天皇とされ、その歴史的な意味はヨーロッパとは異なる。

葬式も、非宗教的に行うことができる。例えば、同じ敷地内にあるが、教会ではなく礼拝堂で牧師の参加はなく、家族や友人、知人、同僚などを招いて行うお別れ会がある。火葬して灰にし自然に帰す自然葬は非宗教的な埋葬である。自然葬のためのスペースがある教会の墓地もあり、死者の名前を刻んだ小さなプレートを集めたエリアがあったりする。海への散骨も可能だ。

興味深いのは、宗教的な葬式では、牧師が洗礼や結婚の時と同じ「神の祝福を受けて」という言葉を使うことだ。やや奇異な感じもするが、神の祝福を受けて天上に行くことを指している。こうして、人生の通過儀礼にも宗教的ではないものがあって、選択肢が準備されている。

宗教的に良い人生を考える

非宗教的な良い人生のモデルに続いて、宗教的なものを見てみよう。教科書はユダヤ教、東方正教、イスラーム教、ヒンズー教、仏教に言及して宗教的な良い人生のモデルを説明している。

興味深いのはユダヤ教とキリスト教、イスラーム教の類似点を次のように指摘していることだ。

「これら3つの宗教の善悪や良い人生についての概念は異なるが、人間についての視点はかなり似ている。人は神の姿に似せて、あるいは神の代理として地上に創られ、その人には自由に行動する意思と自分を実現する自由がある。新しく生まれ変わるという信仰はなく、死後の人生についての概念は共有している。この世での選択が、死後どうなるかに影響する」

この3つは中東で生まれ、その後、異なる発展をしてきた宗教である。イスラーム教に対する警戒感や偏見はフィンランドにもある。しかし、教科書は類似点を指摘して、肯定的な見方を示している。リベラルであろうとする「人生観の知識」らしい記述だ。以下では、キリスト教についての説明を見てみよう。

キリスト教の思想を知る

「旧約聖書の『創世記』に、神は動物を創造し、最後の日に『自分の姿として』世界を支配する人間を創造したとある。そして、死ぬことのない魂と良心に従って行動する自由を与えた。〝人は神の姿〟という意味は、外見が似ているということではなく、神によって神との関係でつくられ、神の愛を受けていることを意味する。キリスト教は、人は原罪を負って生まれるが、原罪から救われると考える。善行によってではなく、信仰によって救われる。また、キリスト教は来世を信じ、イエスの贖《あがな》いによって永遠の命を得ると考える。人は現世で利己的であってはならない。他人を許し、ケアする。隣人愛が重視されるが、それは他人を尊重し、エンパシーを持って他人に接することを意味する」

ここでは神の姿、原罪、信仰、来世、贖い、許し、隣人愛など基本的なことが述べられている。「善行によってではなく、信仰によって救われる」のは、キリスト教の中でも、特にプロテスタントの考え方と言えるかもしれない。

「また、聖書の十戒、及びゴールデンルールに従う。ゴールデンルールは、『他人が私にして欲しいこと全てを、他人にしなさい』である。それは互酬的な相互間の倫理であり、隣人愛の倫理の中心となる。同じ原則は、他の宗教やカントの定言命法も持っている。

もう1つ、聖書の重要な教えは〝愛の二重命令〟で、〝何にもまして神を愛し、隣人を自分のように愛しなさい〟である。それは神と近しい人を愛し、自分自身を尊重することを指す。十戒はいかに神と向きあうか、また他人に向きあうかを教えている」

ここでは、キリスト教の思想で中心になるのは十戒とゴールデンルール、隣人愛、愛の二重命令であると簡単にまとめられている。他にもたくさんあるだろうが、良い人生を考えるために選択されたものだ。カントはドイツの哲学者。定言命法は、『実践理性批判』で示した考えで、倫理的な命令である。

カトリックとプロテスタント

キリスト教は、大きくカトリックとプロテスタントに分けられる。カトリックについては次のように説明している。

「教皇がいる。全ては聖なるものと考え、中絶、避妊、安楽死、死刑に否定的である。婚姻の中でのセックスと家、家族を重視する。7つのサクラメント（儀式）がある。性的倫理は保守的だが、教会会議の歴史の中で3回改革を行なっている。現教皇フランシスは、驚くほどの改革派だ」

カトリックは、ローマ帝国で広がった宗教で、その東西分裂に伴って宗教も東西に分かれた。東方正教とカトリックである。1510年代になって、カトリックからさらに分かれたのがプロテスタントだ。一般的に言って、カトリックは、プロテスタントのフィンランドから見ると保守的で伝統的、あまり男女平等が進んでおらず、個人主義ではなく家族主義なのだが、教科書は現教皇を「驚くほど改革派」として、肯定的な見方を示している。ここにも、寛容であろうとする「人生観の知識」のスタンスが示されているようだ。

また、「3回改革を行った」と書かれていることが示すように、改革を好むプロテスタントの視点が感じられる。

プロテスタントについては、次のように説明している。

「法皇や教会の権威に依ることなく、聖書が伝える神の慈悲を見いだす人間の能力を強調する。個人で聖書を読むことと祈ることは、プロテスタントの生き方で本質的なことである。（中略）ルター派では、日々の仕事が神への奉仕であり礼拝になる。教会と教区のコミュニティでは、労働のモラルが重視される。堕胎や性的問題に関して、絶対的な教えは伝統的になかった。その理由は、人は理性と良心に基づいて自分の生き方を決める能力を持つと考えるからだ。信仰への個人的な目覚めを強調し、聖書を信仰と生き方の導きとして原理主義的に解釈する。また、外見からもわかるようなキリスト教的生活習慣がプロテスタントに典型的だ」

カトリックの修道僧だったドイツのルターが、カトリック教会の腐敗や権威主義、儀式の複雑化、華美化などを批判し宗教改革を起こして生まれたのが、プロテスタントだ。北欧で主流のルター派教会は、その中の宗派である。

「人は理性と良心に基づいて、自分の生き方を決める能力を持つ」という考えは、「人生観の知識」も共有しているが、それは実は、プロテスタント的な考え方から影響を受けていると思われる。

「原理的に解釈する」というのは、後世の解釈ではなく、聖書の言葉を自分で直接読み、解釈することを意味している。「外見からもわかるようなキリスト教的生活習慣」というのは、カトリック的な装飾や華美さのない、質素でシンプルな生活習慣を指すものだろう。

カトリックのイタリアやフランスにはお洒落な人が多いが、プロテスタントの北欧やドイツには服装に無頓着な人が多い。カトリックの国では食べ物が美味しいが、プロテスタントの国ではあまり美味しくない物を食べてきた歴史が長かったことも、こうしたことと関連していると思われる。

なぜ、悪や苦しみがあるのか

人は、良い人生を生きたいと願うが、現実の世界には病気や災害、貧困や飢えが絶えず、苦しむ人、命を落とす人がいる。健康な生活をしているのに不治の病に侵されたり、善意の人が報われず苦労したりする。それをどう考えるべきかが、次のように考察されている。

「苦しみや悪は、現実につきまとう。完全に良い世界は存在しえない。貧困や飢え等は形而上学的な悪だ。自然の悪は、地震のように多大な苦しみをもたらすが、人に責任はない。一方、道徳的悪は、知っていて行う選択である。人は、地球温暖化がもたらす洪水やホロコーストのような虐殺には責任がある」

ここで悪は、形而上学的な悪、自然の悪、道徳的な悪の3つに分けられている。

形而上学は、現実や存在、世界の根源的な特質を考える哲学の分野である。自然の悪は、地震や台風など、人に危害をもたらす自然現象としての災害を指す。そこには、対策の不備など人災の側面は含まれない。それが含まれるのは、道徳的な悪だ。地球温暖化がもたらす洪水は、消費過剰の生活習慣などが引き起こすと考えられるので道徳的な悪になる。また、ホロコーストもそこに含まれる。

最近、世界各地で地球温暖化が原因と見られる洪水や山火事が多い。それを道徳的な悪とする感性には、キリスト教的な神の怒りへの恐れのような感覚もあるかもしれない。

「ユダヤ・キリスト教の伝統で、苦しみや悪の問題には2つの回答が考えられた。一つは、人が原罪に落ちているため誤った心性を持つこと。もう一つは、神の意図や目的を人が実現できないでいることである。キリスト教神学では、悪の問題は弁神論（Theodicy）と呼ばれる。アジアの宗教には、カルマの法という考えがあり、それによると人の苦しみは前世で犯した悪行に起因する。世俗的ヒュマニズムの視点からは、人には世界を良くする生来的な能力がある」

ここには、悪や苦しみを考える2つの異なる宗教の視点が書かれている。ユダヤ・キリスト教は、人は原罪を持って生まれてくると考える。生まれながらに罪を負っており、誤った心性を持っている。また、人は神の意図や目的を実現できないでいることも原因とされる。キリスト教神学には、なぜ世界には悪が溢れているのか、なぜ神は悪行を許すのかについて考える弁神論という分野があることは興味深い。
一方、アジアの宗教が持つカルマの法は、人は前世での悪行によって、現世で苦しむと考える。どちらもあまり救いを感じさせない考え方だが、「世俗的ヒュマニズムの視点からは、人には世界を良くする生来的な能力がある」というのは、宗教にはない観点として提示しているように聞こえる。しかし、「生来的な能力」という捉え方は「人生観の知識」が批判する本質主義であり、やや矛盾のある説明になっていないだろうか。

いずれにしても、なぜ悪や苦しみがあるのかは答えのない問いだが、問い続けること、また世界を良くしようとする意思の重要さが感じられる。「人生観の知識」は、宗教を非宗教的に学ぶ学科なのだが、こうして宗教の基本的な考え方のいくつかについても入門的知識を得られるのは有益だ。非宗教的に考えるためには、宗教的な考え方について知ることも教養として必要ということだろう。

この章では、宗教的な良い人生のモデルと非宗教的な良い人生のモデルに加え、必ずしもその2つには分けられないことも説明していて、例として、スピリチュアルなものやニューエイジ、マインドフルネス、ヨガなどについて書かれている。

ここまで『人生観の知識1　私と良い人生』の中から一部を紹介したが、とても幅広い視野が示されていることがおわかりいただけたらと思う。高校生は、こうした知識の中から自分とは誰かを考え、自分の視点を形成、良い人生を生きていくよう力づけられる。教科書の各章には、重複するトピックもある。またソーシャルスタディーズや保健など、高校の他の科目と通じるものもあるが、それらは相互に結びつき多角的な視点となるだろう。

この教科書シリーズの5は『宗教と無宗教』というタイトルで、さらに宗教に関する問題を掘り下げている。扱われているのは世界宗教（キリスト教、イスラーム教、ヒンズー教、仏教）である。また、宗教を持たないことの意味についてもさらに考察していて興味深い。自分の立ち位置について自覚的、内省的であること、相対的な視点を持つことが重視されているのは、ここで紹介した章と同様だ。

批判的思考――「当たり前」を疑うと、世界が広がる

なぜ、批判的に考えるべきなのか

ここからは、『人生観の知識2　私と社会』の中からいくつかを見る。章立ては、次のようになっている。

第1章　ようこそ！　社会的な事柄を考えよう

第2章　批判的思考のツール

1. 批判的思考とは何か
2. 議論のスキル
3. 現実を位置付ける
4. 思考の歪みを認識する

第3章　視点に影響を与えるものとしての社会

1. 学校と科学
2. メディア
3. アートとエンターテインメント
4. 政治的・文化的なコミュニティ

第4章　社会の中の個人

1. 集団と個人
2. 経済的・政治的権力
3. 社会的な構造

第5章　アクティブな市民性

1. 政治的な影響を与えること
2. 時事批評と市民のアクティビズム
3. 消費の決定

第6章　持続可能な未来を構築する
1. 歴史から学ぶことができる
2. 人権
3. 持続可能な発展

どの章も面白いのだが、まず第2章「批判的思考のツール」の中から「批判的思考とは何か」を見てみよう。批判的思考の重要性については、教科書1の冒頭でもメディア批判との関連で述べられていた。「人生観の知識」で批判的思考を重視するのは、それが「知る」ことと根源的に関わるからである。教育庁は「人生観の知識」を説明して、私たちが生きるこの世界への3つの一般的な問いを挙げている。「何が存在するのか」「何を知ることができるか／いかに知識を得るか」「いかにあるべきか／良い人生とはどんなものか」である。「人生観の知識」が基盤に持つ、哲学的・道徳的な問いがわかる。こうした問いを探究するには、言われたことや慣習となっていることと等を信じるのではなく、深く考える批判的思考が必要になる。

批判は否定ではない

「批判という言葉は、日常的には否定的に使われる。例えば「欧州連合批判」は、日常語ではそれに反対、それが嫌いなどを意味する。しかし、科学的な文脈で、批判的思考は必ずしも否定的な考えではなく、検証すべき事柄を擁護することもできる。

批判的思考は、疑ってみる。人の主張をすぐ信じるのではなく、どういう根拠で信じられるかを明らかにする。疑ってみること。疑ってみるというのは、何も信じてはならないということではない。また、ネットの底流に蠢くあらゆる情報は簡単に信じるが、公的な事実は疑ってかかる陰謀論者の思考法を指すのでもない。（中略）感情に流されてネット上の噂を信じたり、誤ったニュースを拡散したり、超自然的な現象を容易く信じたりする人たちがいることを我々は知っている。簡単に信じすぎることは、危険をもたらすこともある。ある信条に基づいて病気の子どもを治療せず放置する、噂によって罪のない人を攻撃するなどは、その例だ」

批判的というのは否定的なことではなく、簡単に情報を信じず疑ってみること。信じる場合は、その根拠を明確にすることを批判的思考の第一歩としている。

最近は、ネット上の詐欺がよくニュースで報道されている。例えば、銀行がパスワードを聞いてくることは絶対にないので、見知らぬメールが聞いてきても教えてはいけないという警告はよく聞くのだが、それでも騙される人がいる。日本の「オレオレ詐欺」のように、子どもや親戚を装った新種の携帯を使った詐欺も出てきた。「簡単に情報を信じず疑ってみること」は、こうしたレベルでも大事だ。

「明確さと正確さが、批判的思考の要になる。（中略）よく知らない言葉は注意深く使い、複雑なことはわかりやすく言い換える。言葉の定義を同じにすることが大事だ。意見の違いは、異なることについて話していることに気づかず、相手を誤解することに起因することが多い。嫌悪感から相手を理解したくないと思い、意図的に誤って解釈することもある。批判的な思考とは、そういうことではない。

批判的思考は、なぜある主張を信じることができるか知ろうとする。そして、それに同意、または反対するための根拠を秤にかける。例えば、欧州連合を批判する場合は、その良い面と悪い面を明らかにする。そしてそれを秤にかけ、どちらに重みがあるかを考えて結論を出す。批判的思考は理性的だ。感情や偏見によって曇らされない。異なる選択肢を正確に考え、論理的に結論を出す」

思考の明確さと正確さ、言葉に対する慎重さ、言葉の定義、反対または賛成する根拠。感情的ではなく理性的に考え、論理的に結論を出すのが批判的思考としている。

「批判的に考える人は事実と意見を区別できる。しかし、我々はいかにあることを事実だと判断できるだろう。今日、事実の大部分は科学からもたらされる。科学は大量の観察をし体系的・組織的に研究することによって問題を明らかにでき、それによって主張のエビデンスを集められる。

100%確実な情報や知識はないが、ほぼ信頼できる情報や知識はある。批判的に思考する人は、信頼できる情報とできない情報、また情報源を峻別できる。例えば、大学での研究に基づくものは、信頼できることが多いが、擬似科学的なものは一般的に言って信頼できない。また、ある程度信頼できるメディアもあるが、政治的意向によって統制され、信頼できないメディアもある。政治的に中立なメディアもあるが、その世界像に合わないことは報じないので、必ずしも信頼できない」

事実と意見を区別すること。科学的な知識、信頼できる情報とできない情報、情報源の峻別。「ある程度信頼できるメディア」や「政治的意向によって統制され、信頼できないメディア」「その世界像に合わないことは報じないので、必ずしも信頼できないメディア」などメディアを峻別する、メディア批判が必要になる。こうした説明には、メディアは政治的意向によって統制されてはならない、また公正な報道をすべきというメディア観がある。ここには、メディアの役割は政治などに対して批判的な目を向けることという理解もあるだろう。

人は「自分の無知」について最も無知

「批判的思考で最も難しいのは、自分の考えや思うことを批判的に見る自己批判だろう。自分の認識の限界を認めるのは、他人の思考の欠点を見つけることより難しい。実際、賢い人も、時には驚くほど愚かだ。（中略）心理学では、人間の認知バイアスについて多くの研究がなされてきた。その中でも、ダニング＝クルーガー効果がよく知られている。それによると、あるテーマ、例えば予防接種について最も知らない人は、しばしば自分の無知について最も無知である。そして、無知であればあるほど、自分の知識に対する誤認が大きくなる。例えば、予防接種を批判するユーチューブ動画を何本か見た人は、専門家よりも自分の方が詳しく知っていると思い込むことがある。

ある事柄についてより多くの知識を得れば得るほど、人は自分の知識の限界を思い知る。哲学者ソクラテスは、賢いとは自分が知らないと知っていることだと言った。ワクチン接種など、あるテーマについて最も多くの知識を持つ専門家が、自分の専門性を過小評価することもある」

知と無知には矛盾した関係があり、それは認知バイアスの一つである。「予防接種について最も知らない人は、しばしば自分の無知について最も無知」というのは、コロナ禍のネットの世界を指すだろう。ワクチン接種について専門家に反論、説教するような素人も現れたが、それにはダニング＝クルーガー効果という名前があるのだ。「賢いとは自分が知らないと知っていること」というのも面白い。何かについて知れば知るほど、世界には未だわからないことが多いことを知り、自分の知について謙虚になる。一方、無知でいると自分が無知であることに気づけないのだ。

思考停止と陰謀論

「陰謀論は、世界の出来事の背後には悪意ある人々による陰謀があると主張する。例えば、QAnonの陰謀論によると、アメリカ政権には謎の人物〝Q〟がいて、多くの政治家や権力者（ドナルド・トランプを除く）が、ペドフィリアを実践する秘密結社に関与している。このような陰謀論が多くの人を惹きつけるのは、スリリングなハリウッド映画から抜け出してきたかのように、日常的な事柄の裏を暴いて見せてくれるからだ。陰謀論は、公式の真実を疑い自分で調べるよう誘う。では、それは批判的思考の一形態だろうか？

大抵の場合、〝自分で調べる〟というのは他人が作ったユーチューブの動画を見て、それに騙されることを意味する。真に批判的に考える人は、陰謀論に出会った時、例えば次のように問うだろう。（中略）陰謀論者を悪人とするのは、白黒のつけすぎではないか？ 私が陰謀論を否定するエビデンスは何だろう？ （中略）関係のないこと同士を繋げすぎていないだろうか？」

教科書が陰謀論にふれ、批判していることには少し驚かされるが、偽りの知が世界に浸透することに対する強い危機感があるだろう。陰謀論が誘うのは批判的思考の停止であり、「人生観の知識」が追求するものの対極にある。フィンランドの教育庁は、２０２１年に陰謀論についてコメントを出していて、陰謀論は民主主義を害するものであり、教育には多様なリテラシーと民主主義のスキルを発達させる役割があるとしている。児童生徒は情報を見つけ解釈し、批判的に評価するよう指導することができる。さらに、不明瞭であることに耐えることも教える必要があるとしていて興味深い。「不明瞭であることに耐える」のは、情報を単純に二元化せず、その複雑さや不可解さも受け入れることを指すだろう。

「〝自分で調べる〟とは、たいていの場合、ユーチューブの動画を見てそれに騙されること」というのは、知的な営為が貶められることへの強い意見表明である。しかし、現実にはユーチューブの情報などを簡単に信じ込むケースは多く、影響力を持ちやすい。こうした危機感も、「知ること」に対する真摯な姿勢や、深い知に対する希求がもたらすものであるだろう。

健全な思考のための議論のスキル

「議論・論証のスキル」という項目では、様々な論法の紹介をしている。論法は、いかに考え、いかに議論や論証を組み立てるかという意味で重要になる。人は言葉によって思考する。言葉の使い方や思考の回路を明確にし、意識的になることは大事な一歩だ。また、対話や議論で誤った論法を使わないこと、相手の論法に惑わされないことも必要になる。
「良い議論では、主張と根拠には論理的な関連がある。つまり、主張は根拠によって結論づけられる」とし、次の例で三段論法を説明している。三段論法は、大前提と小前提の2つの前提によって3つ目の結論を導く方法としてよく知られている。

■大前提：くしゃみや鼻水は、風邪の症状だ。
■小前提：あなたは、くしゃみをし鼻水が出る。
■結論：だから、あなたは風邪をひいている。

教科書は、くしゃみや鼻水はアレルギーなど他に原因があると反論できるとし、結論は、前提から導かれていないとしている。

【論法1】アドホミネム（*Ad hominem*）

「批判的思考をする人は誤った議論を認識し、それを避ける方法を知っていて、誤りがあったら指摘する。論証の誤りの多くには、ラテン語の名前がある。例えば、アドホミネムはよく知られた一般的誤りで、主張の内容や議論を評価するのではなく、その人個人、または特定のグループを攻撃することを指す。

1. 君は、若すぎてそれを理解できないのだから、君の話は聞く気がしない。

2. 菜食はしたくない。ベジタリアンというのは社会保障で生き、現実離れしたヒッピーの一種で、その子どもじみた話など聞く必要はないから。ヒトラーも、ベジタリアンだったしね。

1は、相手が若すぎるという理由で、相手の話を聞かないという誤りの論法である。年齢などの属性は、話を聞かない理由にはならない。2は、ベジタリアンに対する誤った認識と反感から、菜食はしないという論法だ。このように、主張の内容を評価するのではなく、個人やグループにケチをつける論法はラテン語で「アドホミネム」と呼ばれる。

2は、ヒトラーがベジタリアンだったことも論拠にしているが、そうした主張には、「関連による非難(Guilt by association)」という名前がある。あることが、何か他の悪いことに結びつけられる時、そのこと自体が悪になることを指す。

またネット上では、何かをナチに例える「ナチカード」が、しばしば使われる。例えば、相手をナチと呼んで非難するのがナチカードだが、それを使った人は、議論に負けたことになる。というのは、ナチと比較するのは、議論的な誤りであることが多いからだ。ただし、時にはナチとの比較が適切な場合もあることを忘れてはならないと、教科書は説明している。

【論法2】アドポピュルム（*Ad populum*）

アドポピュルムは、人々や一般的な意見を根拠とする論法である。

1．君は間違っている。誰もそんな風に考えない！
2．人々は知っている！何百万という人が支持する政治が、間違っているはずがない。

1は、全体主義的な社会で使われそうな論法である。私は中学の時、先生に「君みたいに考える人は他にいないよ」と言われたことがある。そこには、強い非難があった。

教科書は、2について次のように説明している。

「2で、ではナチには何百万人もの支持者がいたから、正しかったのかという問いに答えるのは簡単だ。その問いはナチカードではない。というのは、ナチズムを持ち出すのは、このケースでは有効な反論の仕方になるからだ。それは、ナチとの比較ではなく、アドポピュルム論法を使って、ナンセンスな結論に導いたことになる。論法の誤りではなく、哲学で使われてきた反論の方法である」

教科書はさらに、その論法には不条理演繹（*Reductio ad absurdum*）という名前があること、それは「ある見解から不条理な結論を導き出し、その見解が間違っていることを示す論法」と説明している。「ナチカード」は誤りであることが多いが、ナチを引き合いに出すことが常に誤っているわけではないのだ。

この項には、アメリカのトランプ前大統領のイラストが置かれ、「ドナルド・トランプは〝多くの人たちが、こう言っている〟と言って、世論にアピールする傾向がある」というキャプションが付けられている。それは、アドポピュルムの例である。ラテン語はフランス語、ドイツ語などの世俗語や現地語を超える学術語としてヨーロッパで使われてきた。論法にラテン語名があることは、思考や議論の方法を歴史的、学門的文脈に置く意味がある。

【論法3】エピソードによる論法

「エピソードを用いる議論は、具体的な例によって、心理的に人を惹きつける。人は物語を好み、例えば統計などよりはるかに感情に訴え易い」とし、例として、次の主張が挙げられている。

移民グループが、友達の携帯を盗んだ。移民を受け入れてはダメだ

これは、グループが盗みを働いたというエピソードによって、移民全体を拒否する論法である。こうしたエピソードは、真偽のほども明確ではないこともある。ただし、具体的な例を挙げると話が身近に感じられてわかりやすく、一般的には好まれる話法だろう。

【論法4】藁人形論法（ストローマン）

藁人形論法は、相手の考えを戯画化して攻撃する誤りの議論である。

1. 役人は、製薬業界からカネを得たいから代替医療に反対で、全ての病気は常に高価な薬によって治療されるべきと主張している。しかし、頭痛のために化学療法を受けてどうする？

2. あなた方フェミニストは、女性だけが思考できるという。しかし、優れた科学者の多くは男性だ。男性は賢くないのか？

藁人形論法が事実を歪曲していることを示せば、反論するのは容易だ。化学療法は、進行したガンの治療法で頭痛に使われることはない。女性だけが思考できると主張するフェミニストは、あまりいない。ネット上のミーム（ソーシャルメディアで流通する、面白おかしく加工されたビデオや画像）かもしれない。また、世界中に何千万人もいるフェミニストの中に、そのように考える人がいたとしても、それがフェミニズムの考えであるとするのは一般化しすぎだと教科書は説明している。

気楽な会話で自分の経験を戯画化して話すのは面白いこともあるのだが、攻撃のための論法にするのは問題になる。しかし、藁人形論法はソーシャルメディアなどでよく見かけるのではないだろうか。

【論法5】ホワットアバウティズム（Whataboutism）

ホワットアバウティズムは、What about …（ところで、あれはどうなの）という英語の質問から取られた名称だ。教科書は、「批判されると、批判した人に対する批判、または他のことに対する批判で答える」と説明し、次のような会話を例として、挙げている。

ロシアでは、性的マイノリティの人権が侵害されている！
アメリカはどうよ？　アメリカは問題だらけだから、アメリカの話をもっとすべきだ。

これは、他の話を持ち出して話を変えたり、都合の悪いトピックを避ける論法である。日常会話でも無意識的、反射的に使われることも多いのではないだろうか。

【論法6】スリパリー・スロープ（slippery slope）

スリパリー・スロープ（滑りやすい坂）と呼ばれる論法もある。「小さな変化が、大きな惨事につながるという誤った議論の方法」で、次のような例が挙げられている。

1．オンラインの本！　次には、学校で全ての紙と鉛筆の使用が禁止されるな。
2．難民申請者を受け入れると、我々フィンランド人のスペースが奪われる。アフリカ人全員が押し寄せて、イスラームの国になってしまう。

これは、話を大袈裟にする論法である。笑わせる場合もあるが、戸惑わせる場合もある。私たちは意見を主張し、相手を説得するために様々な論法を使っている。それを認識し、点検してみること。どういう根拠で主張されているのか明らかにすること。それが批判的思考のために必要になるのだ。

最近日本では、「ご飯論法」が知られるようになった。国会答弁を指したもので、「朝ご飯を食べましたか」という質問に対し、パンは食べて来たのに「ご飯は食べていません」と答えて、はぐらかす論法である。そこには、論法だけではない政治的作為があるが、名付けることによって問題を明らかにし、批判的思考を始める一歩になる例だろう。

教科書では、他にも二元論や類推（アナロジー）、またラテン語名の論法について説明されていて面白いのだが、省略して次に進もう。

「古典期ギリシャでは、議論のスキルは特に政治において非常に重要で、修辞法（レトリック）は論理と同時期に発達した。そのどちらにも関わったのが、アリストテレスだ。アリストテレスは、議論において最も重要なのは真実に到達することであり、どうあっても勝つことではないと考えた。そして、真実の探究ではなく、修辞による勝利を重視することをエリスティック（Eristic）と呼んだ。それは、問題のある方法で議論に勝つことを意味する」

「最も重要なのは真実に到達することであり、どうあっても勝つことではない」というのは、とても大事なことだろう。ただし、「真実に到達する」のは、非常に困難なことで、不可能なことかもしれない。ここで、「どうあっても勝つこと」というのは、最近日本でよく耳にする「論破」に近いだろう。「はい、論破」と言って相手を打ち負かしたことを誇る論法だが、それはアリストテレス的な探究の対極にあることになる。それには、エリスティックという名前もあるのだ。

「議論のスキルには、聞くことも含まれる。また、他人を否定するのではなく、他人の考えを考慮に入れ、共通の価値を建設することも。（中略）議論の勝ち負けにかかわらず、会話の関係を持ち続けるのが望ましい。修辞的な勝利は、一時的な合意には良いかもしれないが、本当の納得を得るためには誰の基本的価値も否定しないことが必要だ。（中略）良い会話や議論は、人間としての尊厳を傷つけずに、ある程度見解を変えることを可能にするかもしれない。

主張によって、他人の意見を変えるのは難しい。主張は、聴衆の前で反論者に勝つことの方に意味が置かれる。しかし、人間関係や社会、観点に関わる会話で、主張では話が進まない。共通の理解や協働ではなく口論に終わってしまう。良い会話には対話のスキルが必要だ。

対話の意味は相手の話に耳を傾け、理解しようとすること、そして相手から学ぼうとすることにある。巧みな議論や特別な用語によって、相手に勝つことではない。（中略）相手には、純粋な関心と敬意をもって接しなければならない。相手は、あなたの目的が単に恥をかかせたり、屈服させたりすることではないと確信できなければならない。良い雰囲気の中で口論になることなく、意見の違いを示すこともできる」

ここでは論法から離れ、議論や対話、会話についてにトピックが広げられている。相手の話を聞くこと、関心と敬意を持って接すること、相手を尊重し理解しようとすること、相手から学ぼうとすること。相手の基本的価値を否定しないこと、人間としての尊厳を傷つけないこと、勝つのではなく対話に向かうこと、共通の価値を建設することの重要性が説かれている。時間がかかるだろうが、大事な行為だ。ここでは明言されていないが、それは民主主義のプロセスを説明するものでもある。

また、この説明で興味深いのは、それが「社会の中の個人」という「人生観の知識」のスタンスを示すものであることだ。人は、他人との関わりや対話を通して自分になる。

相手の真意に答えなかったり、はぐらかしたり、嘲笑したり、勝つための議論をしてはならない。教科書が、こうしたことを高校生に語っていることに、私は胸を打たれる。

この教科書を読んで日本を振り返ると、こうした論法や対話、批判的思考の教育には重点がおかれていないことに気づく。日本の学校が熱心なのは、挨拶や定型的な表現である。朝、校門前に並び、来校する生徒に大きな声で「おはようございます」と声をかけるあいさつ運動をする自治体や学校もある。挨拶は有害ではないが、挨拶だけに終わり会話や対話には続かない。また、運動会や体育祭の閉会式で、皆で万歳三唱をするのは普通である。参加者や観覧者には、様々な感情や感想があるだろうが、個人的に言語化するのではなく、集合的に短く統一される。

幼稚園や学校では「ふわふわ言葉」と「ちくちく言葉」が浸透している。「よかったね」「だいじょうぶ」など、相手の心が元気になったり、楽しくなったりするのが「ふわふわ言葉」。「うるさい」「あっちいって」など、相手の心が痛くなったり、せつなくなったりするのが「ちくちく言葉」である。幼少時から、子ども自身の言葉の感じ方や選択を制限し、ひいては論理的な思考まで一定の方向に導こうとするものであるだろう。それは、言葉や思考を奪うことであり、教育のあり方として欠陥が大きいと言わざるを得ない。

また、日本は対話が少ない社会であることにも気づく。「背中で語る」「子どもは親の背を見て育つ」「あ、うんの呼吸」など非言語的なコミュニケーションが好まれる。背中で語るというのは、姿勢からして相手と向き合っておらず、相手に背を向けている。言葉は使わずに背中で語るのは、「俺も苦しいんだ」「我慢しているんだ」「わかってくれ」などの気持ちである。従来、男性に使われることが多かったようだが、最近はシングルマザーなど、女性について使われることもある。自分が言語化するのではなく、相手が気持ちを読み取ることを期待するのだが、それは良いコミュニケーションでありうるだろうか。

経済的権力、社会的権力、政治的権力——社会の中の私

「社会の中の個人」という考え方

ここでは、教科書2の第4章「社会の中の個人」から「経済的・社会的権力」の項の一部を見てみたい。「人との関係で自分になる。社会化は多層的なプロセスである」という見出しが付けられている。家族、パートナー、学校、政治、経済などでの様々な権力関係が扱われていて、アプローチも心理学、社会心理学、社会学、政治学など多様だ。

これを取り上げる理由は2つある。1つは、家族から出発し国家へと視点を広げていることだ。家族は、ほとんどの人にとって生まれ育っていく場で、とても大事なものである一方、様々な葛藤や問題をはらむことも多い。自分から発して社会へ、国家へと視線を広げていくのは、この教科書のスタイルだが、ここでは特に権力という視点から考察していて興味深い。日本の教育にはあまりない視点であり、日本の読者に新しい知識を提供できたらと思う。

2つ目の理由は、「社会の中の個人」という視点を見たいからである。日本では、欧米は個人主義と思われやすい。その場合、個人主義は自分のことだけ考え、集団の大事さを考えないなど、

個人と集団を二分化し交差しないものとして捉えがちだ。日本の教育が集団主義を強調するのは、個人主義を抑えようとする意図も持つ。しかし、「社会の中の個人」というタイトルが示すように、フィンランドの教育では社会に内包され、対話関係にある個人という見方が一般的だ。

家族の定義と歴史

家族については次のように書かれている。

「社会は常に家族の活動を規制、コントロールしている。家族は社会の基本単位であり、家族なしに社会は更新しないので、社会は家族をケアし、特に子どもの養育に関するウェルビーイングを支援する。（中略）父母と子どもからなる伝統的な欧米の核家族は、欧米でも唯一の家族モデルではない。一人親家族、レインボーファミリー（著者註：同性の両親とその子どもの家族）、ニューファミリー（著者註：それぞれの子どもを連れて再婚した親の家族）、3世代以上の家族など、家族には様々な形がある」

フィンランドの家族について説明すると、現在の公式な定義は、結婚または事実婚をして同居する2人及び、18歳以下のその子どもである。家族は2世代までで、同居していても、祖父母は家族には含まれない。現在、3世代の同居は珍しいが、もし同居していても、公式には祖父母は別の家族である。祖父母のどちらかが再婚、または事実婚をして配偶者がいる場合も同様だ。また、18歳以上の兄弟や親戚は、同居していても家族ではない。これは、18歳で成人し親から独立するという考え方からきている。子どもに対する親の扶養義務が18歳で終わるのもそのためだ。家族の定義が狭いが、日本のように自助共助ではなく、様々な立場で公助の対象になり、社会保障を受けやすいシステムである。もちろん、主観的に誰を家族と思うかは自由だ。最近は、ペットも家族の一員と言う人が多い。

「平等婚姻法が施行されて以来（著者註：２０１７年）、性的指向にかかわらず、全ての家族が支援されるようになった。それは、同性愛者が社会の支援を受けて家庭を築く権利を明確にした。児童婚もまた、世界の様々な時代や状況で知られている。フィンランドでは現在、未成年の結婚は禁止されているが、かつては、特別な許可を得れば未成年者の結婚が認められていた。子どものためのオンブズマンが児童婚の完全禁止を求め、２０１９年に、フィンランド議会は未成年婚を過去のものとする法改正を可決した」

同性婚については前述した。フィンランドでは、最近まで法務省の許可を得ると、児童婚、つまり18歳以下での結婚が例外的に認められていた。宗教や妊娠、外国出身であること等が主な理由だったが、２０１９年に禁止されている。

「1800年代までのフィンランドでは、家族には使用人が含まれることが多かった。核家族という概念は知られていなかった。1800年代は、経済的な理由から家族が形成されることは一般的だった。家族をつくるもうひとつの一般的な理由は、女性の妊娠だった。結婚は経済的、法的な取り決めであり、男性に家庭を管理する権限を与えた。不従順な妻は、夫の意向で精神病院に入れられることさえあった。

農業社会では、家族は多くの場合、複数の世代を含む拡大家族だった。祖父母や未婚の親戚が核家族と同じ屋根の下で暮らすこともあった。老夫婦が敷地内の別の建物に住むこともあった。家族には支配関係があったが、同時に共同体でもあった」

複数の家族に属してもいい

「昔から様々な家族がいた。フィンランドでは長い間、片親の立場は厳しく、夫を亡くすと再婚することが多かった。母親の異なる子どもがいたり、養子をもらったりする家族も多かった。女性が一人で家族を養うのは大変なことだった。未婚の母は嫌がられ、婚外子として生まれた子どもは、養護施設に入れられることもあった。合法的な中絶はなく、栄養失調や育児放棄で亡くなる子どもも多かった。

フィンランドでは現在、婚外子の割合が高いが、それは大きな問題とは考えられていない。同居が家庭を築くための一般的な基盤であり、結婚を不要と考える人もいる」

ここでは、フィンランドの家族の歴史的な変遷がまとめられている。様々な家族の形があったことがわかる。かつて家族には使用人も含まれていたのは、日本を含め多くの国で見られたことだ。過去には悲惨な状況があった。現在の緩やかなスタンスには、そうした過去に対する反省がある。

フィンランドで婚外子が増え始めたのは１９７０年代以降だ。最近の統計によると、結婚していない両親から生まれた子どもの割合は約51％である。60年代後半に「性の解放」を求める社会運動が盛り上がり、宗教的な規範が緩んだことはその理由の１つである。フィンランドだけではなく、ヨーロッパや北米でも婚外子やシングルマザーは多い。結婚という制度に対する懐疑、婚外子を差別しない制度、経済的補助によってシングルマザーも生活できる制度など理由はいくつかあるだろう。ちなみに、日本の婚外子の割合は２０２０年で２・４％である。結婚してから子どもを産むという規範が強固に維持されていること、シングルマザーが生きてゆきにくい現実があることなどが理由と思われる。

教科書は、「子どもは、ある時期、２つの異なる家族で暮らすこともある。つまり、人は複数の家族に属すことができる」としている。

「2つの異なる家族で暮らす」というのは、両親が別れ、それぞれの両親の家で日にちや時間を決めて暮らすケースを指す。その場合、子どもは普段は母親と暮らし、1～2週間に1度、週末を父親の家で過ごすケースが多いようだ。休暇の時、何週間か父親と過ごすケースも多い。フィンランドで結婚率は高くないが、最初の結婚の離婚率は約40％である。最近は日本でも離婚が増えていて、約3分の1が離婚するという。離婚率の差は、それほど大きくないようだ。

家庭内での権力

「家族は社会全体の状況を反映する。例えば、家父長制家族は、男女平等が基本的価値観ではなく、男性が女性よりも権力を持つ社会で、最も一般的な家族の形である。時には、変化する世界において、家族は家父長的価値観を実現する最後の砦であると見られることもある」

家父長制は、家長の男性が家族全員に対して権力を持つ制度を指す。ここでは、家父長制が「男女平等が基本的価値ではなく、男性が女性よりも権力を持つ社会で最も一般的な家族の形」と相対化されている。日本の家族は家父長制だが、それはこうした社会における家族の形なのだ。また、「家族は家父長的価値観を実現する最後の砦」というのは、日本の現状を見ると納得できるのではないだろうか。選択制夫婦別姓がなかなか実現しないのも、それが家父長制を壊してしまうと懸念する政治家がいるからだ。しかし、家父長制は、日本では望ましいあり方なので、日本の教科書がこうした書き方をすることはないだろう。

「家父長制家族では、権力は家族の成人男性によって行使される。片方のジェンダーの権力行使のみを認める文化では、従属させられたジェンダーは、受動的な抵抗や陰謀といった間接的な形の力を用いることが多い。この場合、女性も家庭や家族内において独自の権力を持つが、男性がほぼ全面的に公的な権力を行使することが多い。一方、男女平等な社会では、家庭内の力関係を決めるのは自分たちで、配偶者は異なる領域で力を行使することができる」

家父長制家族では夫や父が権力を行使する。それは公的な権力でもある。一方、女性の権力は、家庭や家族内という私的な領域でのものになる。しかし、男女平等な社会で、力関係はジェンダーによって二分される必要はなく、妻が夫に従属する必要もない。それは、子どもがいてもいなくても同様だが、特に子どもが小さくて手がかかる時、2人がチームのようになって家事育児を分担すると、互いにストレスが少ない。ただし、チームであるためには、それを可能にする労働や休暇の制度が必要になる。フィンランドには、子どもが生まれた時の両親の「親休暇」など使いやすい制度がある。また、制度があるだけではなく、職場に遠慮することなく実際に使う人が多い。

教科書には、各章の中と末尾に練習問題が置かれている。この部分に関しては、次のような質問がある。

「社会は、どういう家族モデルをサポートすべきだろうか。異なる家族モデルで、子どもの権利はどのように実現されるだろうか。家族は、一人暮らしの人に比べると充分サポートされているだろうか、あるいは過剰にサポートされているだろうか」

この質問からは、家族モデルが多様であること、子どもの権利が重視されていることがわかる。また、社会保障の視点から、家族と一人暮らしという異なる生活の形態を比べることを促していて、社会保障の存在の大きさが感じられる。

暴力を考える

教科書のトピックは、暴力に移る。

「親密なパートナーからの暴力や子どもへの暴力は、いかなるタイプの家族やパートナーの関係においても認められない。精神的暴力もまた、被害者に傷跡を残す。人間関係において、私たちは皆、互いに権力を行使している。ある人が大事であればあるほど、その人はより大きな力を持つ。恋人は、自発的に相手の力に従う。愛することは、しばしば自分の力を放棄することを意味する。しかし、良い恋人や友人は、自分の力を乱用しない。恋人同士が等しく愛し合っている場合、その力関係は均等だ。特に友人は力関係が等しいか、対称的なことがある。その場合、友人は互いに同等の影響力を持つ」

ここではパートナーからの暴力、子どもへの暴力、精神的暴力、恋人や友人との力関係など、異なる力関係のあり方にふれている。「ある人が大事であればあるほど、その人はより大きな力を持つ。恋人は、自発的に相手の力に従う」として、恋愛関係における力の勾配を説明している。それは、「人生の選択」の所で言及されていたフロイトの理論を思わせるが、自分から非均衡な力関係を誘ってしまう例として挙げられていると思われる。しかし、たとえ誘われたとしても自分の力を乱用しないこと、対等であることが望ましい。教科書は、次のように続く。

「家庭や学校での教育は、権力の行使である。大人が子どもに及ぼす権力は、権威主義的、すなわち命令的だ。ある研究によると、子どもは絶対的な規律ではなく、対話的で交渉的、命令であっても根拠を明らかにされたものから最も利益を得る。そうすることで、子どもは教育者が示す道徳的原則を内面化することができる。最も有害な教育のスタイルは、残酷さと結びついた独断や責任回避、ネグレクトである」

「家庭や学校での教育は、権力の行使」とするのは、教科書の記述としてなかなかラディカルではないだろうか。「権威主義」「命令的」「絶対的な規律」などの表現からは、日本の「ブラック校則」が思い浮かぶ。フィンランドの教科書が、そうした教育を相対化する視野を持っていることは、日本との大きな違いだ。

また、「権威的」「命令的」「絶対的な規律」ではなく、対話的な関係から「子どもは教育者が示す道徳的原則を内面化することができる」としている。ここにも「道徳的原則を内面化すること」が、望ましいという考え方がある。その場合、教育者自身が道徳的原則を内面化していること、また権威主義的ではなく対話的な教育をするペダゴジーを持っている必要があるだろう。ただし、幼児期に親が命令的であるのは、ある程度やむを得ないこともある。その場合でも、それは期間限定的なものであること、こうした教育の考え方に自覚的であることが望ましいのではないだろうか。

ここにある課題には、次のようなものがある。

「学校の規則を評価しなさい。それは、どういう価値を守るものだろうか。それは、権力を行使する場としての学校の何を露呈するだろうか」

ここには、「授業中、他の生徒の邪魔をしないという規則は、落ち着いて勉強するという価値を守る」というヒントが付けられている。フィンランドの学校に日本のような校則はないが、授業中、騒ぐなどして他の生徒の邪魔をしない、無断で他人の写真を撮らない、欠席する場合は通知する、学校で喫煙しないなどの規則がある。「人生観の知識」なので「価値」という観点からの質問になる。

次のような課題もある。

「個人の生における集団の意味という題名のエッセーを書きなさい。小見出しには、個人と集団、政治的権力と経済的権力、社会的構造の理論と概念を使うこと」

ここには「集団は個人の生と成長にとって、ポジティブな意味を持ち必要なものであること、その一方、個人の生と成長を弱めることもあることを、例を使って議論しなさい」という指示が付けられている。個人と集団の関係を二分化しないこと、その関係は一面的ではないことを意識して、バランスの取れた見方を促している。

私たちが持つ様々な権力

冒頭で、「自分自身が権力を使い、影響を与える方法を知るのは良い。権力の行使には様々な理論とモデルがある。政治研究では、公的な権力や社会制度の分析が最も多い」として、説明に入っている。

「三権分立の原則は、権力の濫用を防ぐために立法権（国会）、行政権（内閣）、司法権（裁判所）を分離すること。権力はまた、職場や隣人など身近な人間関係においても行使される。労働市場や労働組合における権力のプロセスは、市民団体のものとはやや異なる。自分が代表者に与えた権力、自分に与えられた権力、あるいは交渉によって獲得した権力がある。また、金銭によって得た権力もある」

国家、職場、隣人、市場など様々な場での権力が言及され、自分が与えた権力、自分に与えられた権力、獲得した権力という異なる形態が分節されている。

ここにはコラムで、フランスの社会学者ピエール・ブルデューによる権力行使の形が説明されている。権力行使のあるものは不可視化されているため、自然なもの、当然であるかのように思われる。代替がなく疑問視できないものはドクサだが、誰かがドクサを疑問視することによって、支配的なシステムへの代替を見出す。それが、ヘテロドクサである。支配層は、自分たちの特権維持のためにそれを拒否するが、失敗すると古いドクサをオーソドクサ（オーソドックス、正統性のあるもの）として擁護する。支配された層は、問題を言論や討議の場で提起しようとする、という説明である。こうして、権力を所与のものや権威とし、疑問視し変えることのできないものとするのではなく、言論や討議によって挑戦できるものと示していることに感心する。それは、言葉や議論が持つ力に自覚的になることのススメでもある。

続いて、次の10の権力のあり方が挙げられている。

・**合法的権力**：政治的権力や立法権、行政権。また、公務員、教師、警察官、軍人などが地位に基づく権力を行使する公権力
・**司法的権力**：法律違反に対して、法的な罰則や制裁を課す権力
・**経済的権力**：所有権などの経済的資源に基づくもの、また、メディアでの露出度やメディア全体の買収など影響力を買うためにも使われる
・**構造的権力**：社会階級、言語、民族、ジェンダーに基づく権力の不平等な分配の形態。また何が重要な問題か、誰がその定義と解決に関与できるかを決定する権力
・**報奨の権力**：報酬や賞を与え、資源や価値を分配する権力
・**専門家の権力**：専門家が、その地位（職業や学位、称号など）によって、あるいはその知識や技術によって持つ影響力
・**カリスマ的権力**：個人的な資質や特質に基づく権力

・**影響力**：議論、説得、画策、フェイクニュース等、様々な手段を使って、他人や社会の意思決定に影響を及ぼすこと
・**対抗勢力**：権力の行使が恣意的な時、権力に従属的な者が行使する力。例えば、教師の命令には正当性がないとして生徒が従わない場合
・**暴力**：身体的、心理的、精神的暴力や力の行使、またはその脅しに基づく権力

フィンランド語で、これら全てはvalta（権力、力）という言葉で終わる合成語だ。こうした様々な権力のあり方を分節化することで、権力の多様さを示している。権力は、ただ上にある「お上」で、自分とは関係のないもの、影響を及ぼせないものなどではないのだ。自分を無力な存在と感じるのではなく、力を持つ存在として自覚を促す意図もあるだろう。前記の権力は、教科書では順不同に並べられている。ここでは、日本の読者にわかりやすく順番を変えて並べたが、教科書では最初の合法的権力のすぐ後に、暴力と対抗勢力、影響力が置かれている。「上から」の権力を先に置くのではなく、意識的に人々が対抗する権力を強調しているようだ。また、対抗勢力には「教師の命令には正当性がないとして生徒が従わない場合」という例がつけられていて、ラディカルである。

これらの権力は、具体的にどういった形を取るだろうか。練習問題として「次の人たちは、ど

の権力を使うか、あるいは使わないか」がある。並んでいるのは偽医者、学校の先生、警察、カルトの教祖、アナキストである。こうしてニュースなどで見聞きしたり、身近で知っていたりする人たちについて、その行使する権力の種類を考える問題で面白い。

また別の問題では、ある行為が10の権力の内のどの行使に当たるかを尋ねている。例えば、次のような行為だ。

「大学キャンパスを訪れた大臣が記念講演で話をした。その教育政策に不満を持つ学生は、講演を評価するのではなく、デモやブーイングをする」

「トランスジェンダーの人が、充分に女性的、または男性的でないと判断した専門医が、性別適合手術の認可を渋る」

日本では、このように権力を疑い、批判するための教育はされていない。そもそも、知識や情報は国民に与えない方が都合が良いという考え方がある。例えば、情報開示を求めると、黒塗りになった「のり弁」と呼ばれる書類を出してくる。あるいは、正当な議論を経ず閣議決定で決めてしまう。国民の権利を顧みない政治がまかり通っている。

フィンランドでこうした教育がされていることには、2つの理由があると思われる。1つは啓蒙主義である。既成の権力を疑うこと、多くの人が議論を広げていくことは、人々を啓蒙することになる。さらに、それは民主主義を進めるために欠かせないと考えられている。

2つ目は、プロテスタント的な感覚である。プロテスタントは、絶大な権力を持っていたカトリック教会を批判して生まれた宗派である。権力を疑問視し批判することは、その根底にある。また、フィンランドには新しい知識や情報を知らせる「喜ばしい言葉（ilosanoma）」という概念がある。英語のゴスペルに当たるもので、もともとは、キリストの生誕を知らせ世に広めるところからきているが、知識を明らかにして広めるのは喜ばしいことというキリスト教的な感性が見え隠れする。

経済的権力を意識する

次に、経済的権力についてどう説明されているか見てみよう。

「経済的な権力は政治的決定に影響することができ、それを通して社会的構造に影響できる。雇用者連合と被雇用者連合のような経済的利益のための団体は、自分たちの利益と政治的な政策決定に影響しようとする。色々な交渉や圧力、給料をめぐる闘争やストライキ、デモは政治的な決定と社会的な活動に影響する」

ここでは、経済的権力→政治的決定→社会的構造という影響の連鎖が示され、ストライキやデモなど組合闘争にふれられている。フィンランドは労働組合の組織率が約64%と高い。日本のような企業内組合ではなく、業種や業界の組合である。それは、組合としてより大きな力を持つ。日本には春闘があるが、フィンランドでは春に闘うと決まっておらず、いつでも必要な時に闘う。

「ほぼ全てのフィンランド人は、消費し金を使うことによって経済的権力を行使している。しかし、使える金額の大きさは異なる。本当に裕福な人は、メディアやメディアグループを所有し、政治家に直接、間接に寄付やプレゼントをする。自分の利益追及のために選挙支援をし、ロビイストに報酬を与えたりもできる。腐敗した国では、選挙の結果まで買える。あるいは、少なくとも票を買える。民主主義が強固で、市民が啓蒙されている場合、投票結果は候補者の選挙費用とは直接関係ない。（中略）多額のカネを使うことによって、国会議員になることはできない」

普通の人も「消費し金を使うことによって経済的権力を行使している」というのは、普段あまり意識していないことではないだろうか。金額は小さいとしても、自分は経済的権力を持っていることを自覚するのは大事なことだろう。自分は、非力ではないという自覚は、エンパワーメントでもある。それは、例えばある企業の製品の不買運動に繋がる考え方だ。

ここでは、経済的権力と政治が結びつく例が示されている。メディアを買う裕福な人というと、

Xを買収したイーロン・マスクが思い浮かぶが、「腐敗した国では、選挙の結果まで買える。あるいは少なくとも票を買える」というのは、残念ながら日本の現実であるだろう。それは、民主主義が強固ではなく、市民が啓蒙されていない場合に起こることなのだ。啓蒙されていないというのは、充分な知識を与えられていないということである。

報道の自由は侵食されやすい

「中国では2010年にグーグルの使用が禁止された。グーグルが、検閲を拒否したためだ。中国にはバイドゥという自国のシステムがあり、商業的、政治的な意図を持つ。バイドゥでは例えば、修正された中国の歴史を知ることができるが、政府を批判する声や腐敗に対する批判は消される。ウィキペディアも何度か検閲された。厳しい制限の目的は、政府の恣意的で正義に反する行為が公になるのを防ぐために、市民から知識を隠蔽することである。（中略）全体主義国家では、政府がメディアを完全にコントロールする。前もっての検閲に加え、自己検閲があり、トラブルになりそうなことの公表には慎重になる」

バイドゥは、中国の検索エンジンを提供する会社である。日本はグーグル使用を禁止してはいないが、政府は様々な情報を市民から隠している。また、日本のメディアは、完全に政府にコントロールされてはいないが、「前もっての検閲に加え、自己検閲がある」という状態に近いのではないだろうか。

これは、報道の自由が関わってくる問題である。メディアが批判的で報道の自由がある社会では、信頼できる情報の量が多く、市民が正確な判断をしやすい。国際ＮＧＯ「国境なき記者団」は毎年「報道の自由度ランキング」を発表して、数値的に評価している。２０２４年は１８０カ国・地域中、フィンランドは総合5位だった。部門別では政治6位、経済5位、立法6位、社会文化14位、安全21位である。それほど悪くはない位置付けとも言えるかもしれないが、そこに安住することなく、批判的思考や批判的にメディアを読むことの重要さを学校で教え続けている。それは、絶え間なく注意していないと侵食されやすい自由だからだろう。

一方、日本は総合70位。政治73位、経済44位、立法80位、社会文化１１３位、安全71位である。「国境なき記者団」は、政治的圧力がジャーナリストの役割を頻繁に妨げていると指摘している。

情報も、アルゴリズムも権力の形態だ

「人気のあるネットのページの背後には、ある大国の政府が金を払っているものがありうる。ネットの会話に参加しているのは、報酬をもらったプロパガンディストの可能性がある。その任務は、世界の反対側にいる人たちにまで影響を与えること。ネットの使用を制限するなどして、国家は領土内の報道を様々な方法で検閲できる。（中略）戦争や暴動が起きると、情報を得る手段は

平和時より制限されるのが普通だ」

政府が報酬を払っているネットのアカウントやプロパガンディストは、日本の現実でもある。例えば、野党を貶めるポスティングを繰り返したＤａｐｐｉというＸのアカウントは、自民党トップと関係があった。２０２３年には、立憲民主党議員との訴訟で敗訴している。また防衛省には、防衛予算の大幅増額を目指し、テレビニュースや情報番組に出演する有識者や芸能人、ユーチューバー等１００人のインフルエンサーに接触する計画があることを報じられた。

「大国は、自国と他国の市民を監視し、情報を記録するために多額の金を使う。エドワード・スノーデンはアメリカ国家安全保障局（ＮＳＡ）の自国民に対する非合法の監視を暴露したため、現在はロシアに住んでいる。また、ウィキリークスのような情報流出は自由な情報の伝達を促す一つの方法でもある。その一方で、そこには、流出した資料が政治的目的に沿って選択されるリスクがある。もしタックスヘイヴン（訳者註：課税を逃れるための優遇措置を設けている国やエリア）のデータをリークしたのが、国家、またはそれに近い機関であるなら、それは他の国の経済的利益を損ないつつ、同時にタックスヘイヴンの受益者の一部を利する可能性もある。従って、民主主義にとって最良なのは、国民の関心の高い事柄について可能な限り最大の情報ネットワークの透明性と開放性である。同時に、強力な個人情報保護も重要になる」

ここではスノーデンとウィキリークスのジュリアン・アサンジのケースが言及されている。スノーデンは、持ち出した機密資料のコピーを暴露して内部告発した人物。アサンジは、2006年に創設したウィキリークスで大量のアメリカ機密情報を漏洩した人物である。2024年6月に、ロンドンの刑務所から釈放されたことは記憶に新しい。教科書はそれらを「自由な情報の伝達を促す一つの方法」ではあるが、公平な情報流出ではない。流出した資料は、政治的目的のために選択的に使われ、一部の人だけを利することがあるとしている。

民主主義が必要とするのは、情報の透明性と解放性、また個人情報保護だ。「最良なのは、国民の関心の高い事柄について可能な限り最大の情報ネットワークの透明性と開放性」というのは、フィンランドで行われていることである。

教科書は、アルゴリズムに権力の形態としてふれている。

「最も制御が難しいタイプの権力は、アルゴリズムによるネットワーク操作である。情報社会で情報は力だ。情報とビッグデータにアクセスできる者は誰でも、将来、強力なプレーヤーになれる可能性がある。最近、様々なタイプのデータ漏洩やサイバー攻撃が増加している」

アルゴリズムは「経験則のこと。例えば、検索エンジンやソーシャルメディア・サービスがオンライン・ユーザーにどのようなコンテンツを提案するかを決定する」と説明されている。

よく見るネットの履歴に基づいて、関連するコンテンツが提示される経験は、多くの人にあるだろう。それを見ていると、同じような情報で自分の考えや世界観を強化するものになる。また、他の人も同じ情報を見ていると考えるようになって、その人の世界観を歪めていく危険性がある。

こうして、極めて現在的な問題に切り込んでいるのが印象的だ。「情報は力だ」という言葉は、「知識は力だ」とも訳せる。こうして、知識の様々な形を追求し続けるところに「人生観の知識」の姿勢が示されている。今後の世界の展開も、飽くことなく追い続けていくだろう。

世界各地に広がるポピュリズム

政治的権力についても多様な視点が示されているが、ポピュリズムがどう説明されているかを見てみよう。

ポピュリズムは、世界各地に広がる政治の形態であり、極めて現在的な問題として高校生も当然知っている必要がある。教科書で、ポピュリズムは「個人は常に集団の一部」という項目に置かれているのも面白い。

「ポピュリズムは、政治的エリートや主流政党に対する不信や疑い、落胆などの感情に訴えて人々を動かそうとする政治を指す。その目指すものは、社会構造の変革だ。失業が増える一方、富裕化する人たちがいると、ストレスが高まり簡単な理由を見つけたくなる。（中略）ポピュリズムの価値は保守主義である。社会が変動している時、そうした価値は強化される。恐れや将来の不確かさが、ポピュリズムの燃料になる。典型的なのは多様性に反対し、伝統に執着すること。そして、異質なグループに対するヘイトを煽る」

ポピュリズムの定義にはいくつかあるが、これはその一つである。保守主義には、「社会と価値観の変化を抑え、停止させ、あるいは過去に戻そうとさえするイデオロギー」という註が付けられている。これらは、日本でも見られることだろう。

「ヨーロッパの現状は、ポピュリズムを助長している。欧州連合は経済の不確かさと緊縮財政の渦中にあり、同時にかつてないほど多くの難民が流入しているため、難民が経済的問題を引き起こしていると、簡単に一般化されやすい。

ポピュリズムの根は深く、新しい現象ではない。左派政党は、社会主義の価値を主張する時、ポピュリズムのレトリックを巧みに使った。左派のポピュリズムとは普通の働く人を擁護し、反資本主義のアジェンダを追求、例えば戦争に反対した」

ポピュリズムは、実は新しい現象ではない。また、ポピュリズムというと右派の印象があるが、実は右派に限られた言説ではなく、左派も反資本主義や反戦の言説に使ったとして、公平な記述と言える。

ポピュリズムは民主主義への脅威か可能性か

「ポピュリズムは民主主義につきまとう悪と見られ、有害とされる。しかし、ポピュリズムは、民主主義を再生させる面もある。政治的に周縁化され、表面に現れないでいた人たちに声を与えるからだ。ポピュリスト政党は、隠され見落とされるようなテーマを取り上げる。例えば、欧州連合やNATO加盟を批判的に語る、責任ある移民政策を求めるなど。こうした課題で、それまで投票しなかった人もアクティブになり、自分に合った候補者や政党についたりする」

ポピュリズムは否定的な口調で語られることが多い。しかし、ここでは民主主義にとっての悪や害になるという見方がある一方、民主主義を再生させる側面もあるとして、よりバランスの取れた見方を示している。

「ポピュリズムは、白か黒かに二分化し、人種差別的なイデオロギーと結びついていることが批判される。ヨーロッパで台頭した右派ポピュリズム政党は、特定の民族グループの利益を追求して、別のグループを抑圧する。ポピュリズムの運動は、極端な場合、多様性を重んじる民主主義への脅威になる」

現在、ヨーロッパで勢いをもつ右派ポピュリズムは、自国の利益を第一として、主にイスラーム諸国からの移民を排除しようとすることが多い。それは、多様性を重んじる民主主義への脅威になることを警戒していることがわかる。こうした記述は、一面的な否定ではなく良識ある態度を感じさせるもので、「人生観の知識」のスタンスをよく表している。

以上紹介したのは章の一部であり、その盛り沢山な内容には驚かされる。

ここで取り上げなかったものは、リベラリズムやリバタリアン、植民地主義、貧困、コモンズ（個人の所有ではなく広く共有され、資本主義の代替となる所有の形態）、マイクロアグレッション（日々の小さな言動の中で示される攻撃性）など数多い。こうした教育のスタイルにも、「選択」という考え方があるだろう。教育の役割は、可能な限り幅広い視野を提供することであり、生徒はその中から興味のあるものを選び、自分で深めていくという考え方である。それはどう考えるべきかを導き、視野を限定していく教育とは対極的だ。そして、ここで見てきたような課題が、日本では道徳に相当する科目で扱われることには、やはり驚きを覚えるのである。

アクティブな市民——民主主義の維持・発展のために

ここでは、教科書2の第5章「アクティブな市民性」の中から、いくつかを見る。「人生観の知識」は、「どうしたら平等と正義は最も良い形で実現できるだろう」という問いを持つ。それが導き出すのは、民主主義を維持し発展させていくアクティブな市民を育てることである。

民主主義はケアしないと失われる

「民主主義とは市民の権力（主権在民）で、4つの要素から成る。自由で公平な選挙、アクティブな市民、人権尊重、法の前の市民の平等である。政治と共通の課題に関心を持つアクティブな市民なくては、民主主義は枯れてしまう。

民主主義はパートナーの関係と似ていて、ケアしないでいると、当然と思っていたことを失ってしまうことがある。民主主義社会では、市民が多様性を重んじること、困難な問題を共に解決し、互いの意見に耳を傾けることは良いことだ。市民一人ひとりが、様々な形で社会の発展に参加することができる。人々は共通の価値観に基づき、意思決定を行う。同時に、人々の多様性が考慮され、自由が尊重される。良い市民は啓蒙されている。つまり、科学的で正しい情報に基づいて自分で判断する」

ここには、非民主主義的国家や権威主義国家、独裁国家などで、人は良い人生を生きられないという考え方がある。そうした国では、自由で公平な選挙がなく、市民は政治的にアクティブではなく、人権は尊重されず、法の前の平等がない。共通の価値観に基づいた意思決定はされず、少数の人々による恣意的な決定がされる。また、人々の多様性が考慮されない、自由が尊重されない、人々は啓蒙されていない、正しい情報に基づいて自分で判断できないという反転した社会であるだろう。民主主義を最も望ましい政治の形とする考え方である。

世界に先駆けて普通選挙を導入

教科書は、ここで選挙の歴史を概観している。民主主義の要素として最初に挙げられた「自由で公平な選挙」を見るためだ。

「フィンランドは、世界で最も早く普通選挙を導入した国の一つである。（中略）しかし、全てのフィンランド人が選挙権を得たわけではない。浮浪者、売春婦、性的節度のない者は除外された。

とはいえ、この改革は当時としては先進的なもので、一度に19人の女性が新しい国会議員に選出された。選挙権を持つフィンランド人の数は10倍に増え、アクティブな市民権の基礎が築かれた」

1906年に、24歳以上の成人に国政レベルの選挙権と被選挙権が与えられた。翌1907年の議会選挙では、200人の当選者の内、19人が女性だった。イギリスで女性に選挙権が与えられたのは1928年、フランスでは1944年と時代が下がるが、フィンランドの方が進んでいたと書くのではなく、選挙権を与えられなかった人に視線を向けていて公正な態度が感じられる。

浮浪者は、農業社会で自分の土地や定まった住まいを持たず、渡り歩いていた人などを指す。売春婦や性的節度がないと見なされた人にも、選挙権は与えられなかったのだ。

フィンランドの投票率は、なぜ高いのか

「今日でも、世界には選挙権を持たない人がおり、自由な選挙が行われていない場所がある。また、国によっては選挙権が失われていたり、法定年齢に達している全ての市民が享受していないことさえある。一方、多くの国では、一部の人だけが選挙権を行使している。それは民主主義社会を弱体化させる一因になっている。

多くの人が投票すればするほど、権力者が真に市民を代表することになるので投票した方が良い。現政権に不満を持つ人々が投票しなければ、さらに望ましくない人々が政権を握るかもしれ

ない。投票しなければ、間違った方向に物事を変える政党が政権を握る可能性がある。支持する候補者や政党が当選しなかったとしても、投票することは民主主義を強化する良い方法である」

フィンランドでは、18歳で成人し選挙権と被選挙権を得る。つまり、地方選挙にも国会選挙にも投票できるだけではなく、立候補できる。

一方、「世界には選挙権を持たない人がおり、自由な選挙が行われていない場所がある」「法定年齢に達している全ての市民が享受していないことさえある」というのは、日本にも言えることである。

２０１６年に、日本で選挙権は20歳から18歳に下げられたが、被選挙権は市区町村と都道府県議員は25歳以上、衆議院議員で25歳以上、参議院議員で30歳以上である。また、日本では高額な供託金を払わなければ立候補できない。指定都市以外の市議で30万円、市長は１００万円、衆議院・参議院は選挙区で３００万円、比例で６００万円である。非常に多額で、普通の人が立候補しにくい。しかし、フィンランド、また多くの民主主義国家に供託金はない。

さらに、日本には組織票や票田という考え方があり、ある団体のメンバーであること、ある企業に勤務することで誰に投票するかを指示されるのは珍しくない。２０２４年6月から7月にかけて、東京では都知事選挙があったが、現知事の予想票は組織票に基づいて計算されていた。

教科書は投票することを勧め、なぜ投票すべきなのか、投票しないとどういうことが起こるかについても説明している。こうした教育をしていることは、投票率の高さに繋がっているだろう。2024年春の大統領選の投票率は70・7％、2023年の国会議員選挙は71・9％である。90年代に比べると投票率は下がっているのだが、それでも日本に比べれば高い。

また、投票率だけの問題ではなく、フィンランドでは立候補者がとても多い。例えば、2021年の地方議会選挙では、全国の立候補者は3万5627人。人口約550万人の国で、150人に1人が立候補したことになる。私が住む自治体で立候補したのは、学校の先生やケアワーカー、バスの運転手、料理人、郵便局の職員、学生、年金生活者など普通の人たちだった。普通の人たちが、自分と直結する身近な問題の解決を訴えて立候補するのが選挙である。

日本で投票率が低い理由の1つ目は、政治が身近な問題に関わるものではなく、自分とは関係ないどこか遠いところの話のように感じられているからだろう。2つ目の理由は、「学校は政治的に中立」として学校が政治について充分教えない、政治について語らないからと思われる。

「仕方ない」で社会を諦めない

次は、アクティブな市民の説明になる。

「投票すること、選挙で候補者として立候補すること、政党活動に参加することは、全て個人をエンパワーすることの一部である。政党内で活動し、影響を与えることによって、内部から影響を与えることもできる。また、政治家にコンタクトする、市民イニシアティブを起こす、起草する、署名することもできる。

市民組織では、自分にとって重要な目標を達成するために、他の人と一緒に参加することができる。個人でも、自分の学校や職場などのコミュニティで、積極的な影響者として活躍することができる。例えば、学生組合の役員会、労働組合への参加など。積極的であることが必ずしも望んでいた結果につながるとは限らないが、それが政治だ。共通の問題に対処するためには、妥協、議論、連帯、交渉が必要になる。一人で何かを成し遂げるのは難しい。

市民イニシアティブを起こしたり、意見を聞いたりする機会は、誰も使わなければ意味がない。受け身になり、ただ不満を抱いたり、皮肉ったりしても、良い結果にはつながらない。関心を持ち充分な情報を得なければ、誰かがあなたに代わって権力を行使することになる」

前節では投票を勧めていたが、ここでは投票に止まらず、学生組合、労働連合、市民イニシアティブなどを通して影響を与えることをアドバイスしている。「共通の問題に対処するためには、妥協、議論、連帯、交渉が必要になる。一人で何かを成し遂げるのは難しい」というのは、連帯のススメである。分断ではなく、連帯して結びつき何かを成し遂げる社会のあり方が示されている。

それは、「そういうものなんだ」「仕方ないんだ」と諦めてしまわない社会のあり方でもある。

市民イニシアティブは、国や地方自治体に対して18歳以上の市民が起こす法的な要求で、半年間に5万筆集めると、国会で取り上げなければならない署名運動である。法制に影響を与えるもので「新しい法律の提案」「既存の法律の変更」「既存の法律の廃止」の3つがある。

市民イニシアティブのホームページには、案件が直近のものから時系列で並べられている。表示の順番は署名数、残り時間の多い順と少ない順に並び替えることもできるので、署名数の多い順で見てみると、2024年7月26日現在「自然保護地区について（16，108筆）」「猫の放し飼い禁止（13，383筆）」「性売買に関する法律改正（9，179筆）」「イスラエルとの武器取引の即時廃止（4，800筆）」などが並んでいる。少し下がると、「ジェンダー・アイデンティティ教育を学校から無くす（3，823筆）」がある。現在の公教育に反対する人たちもいるのだ。

これらをクリックすると、月毎の署名の増加がグラフで示されている。また、添付された意見書、責任者の名前と連絡先などを見ることができる。賛同する場合は、ログインして署名できる。

市民イニシアティブが始まったのは、2012年9月。ホームページには、これまでの全ての案件が掲載されている。全1，558件の内、2024年9月に始まるもの1件、終了したもの1，444件、国会に届けられたもの76件、審議中は37件である。広く共有されているわけではない主張もあって、5万票を達成する案件はそれほど多くないが、12年間で年平均にすると約130件、月平均で約11件の市民イニシアティブが起こされていて市民が法律制定や改正、廃止などを求める方法として定着している。最近の成功例は、ユヴァスキュラ市の水道の民営化計画撤廃（2020年）である。前述したように、ジェンダー中立な結婚（同性婚）の合法化（2014年）も成功例だ。

民主主義4つの形

ここでは、4つの民主主義の形が説明されている。

「直接民主主義は、市民が仲介者を介さずに政治的決定に直接影響を与えること。フィンランドでは、直接民主制の形態として、法案の提案や国民投票の実施などがある。

代表制民主主義は、国会議員の選挙を指す。満年齢の全ての市民は、選挙に候補者として立候補する権利も持っている。選挙で選ばれた市民の代表は、投票によって得た権力を行使し、次の選挙では、代表がその権力を正しく行使したか否かに応じて投票することができる。

参加民主主義は、例えば、子どもや若者が意思決定に参加し市民をエンパワーすることを意味する。その出発点はオープンな公開討論と対話、わかりやすさだ。恣意的な意見ではなく、互いを尊重した公の場でのしっかりした議論に基づいて決定がなされる。

カウンター・デモクラシーは、市民や意思決定者への不信や不満から生まれる影響の方法。民主主義を回復または強化し、不信や不満を積極的な政治行動や活動へと導こうとするものである」

参加民主主義は、市民が参加する民主主義だが、ここでは「子どもや若者が意思決定に参加」としていて高校生を意識した説明になっている。また、カウンター・デモクラシーという、不信や不満を原動力とした民主主義もあるのだ。異議申し立ての形でもあるだろう。

直接民主主義と代表制民主主義は、日本の学校でも教えられているが、参加民主主義とカウンターデモクラシーは、あまり馴染みがないのではないだろうか。しかし、フィンランドの学校は、特に参加民主主義を重視している。それは、学校が重視しているだけではなく、メディアなども含め社会全体の傾向でもある。

参加民主主義が「子どもや若者を意思決定に参加させる」ものであるのは、「子どもの権利条約」の第12条からも引き出せることだ。それは「子どもには、自分に影響を及ぼすすべての事項について、自由に意見を表明する権利がある」としている。

また、それは日常の中で具体的に表象されることでもある。例えば、公共放送Ｙｌｅのテレビニュースは、初めに世界の様々な人たちの画像を短く映し出すのだが、そこにはメガホンを手にして話す、13～14歳と思われる少女がいる。叫ぶのではなく、こちらを真っ直ぐに見て話す少女で、デモに参加しているのかもしれないが、自分の意見を広く届けようとする子どもの姿だ。それは一瞬の画像なのだが、心に残る。この年齢の少女が、メディアや広告で性的対象として表象されることが多い日本との大きな違いも感じる。

情報の透明性は民主主義の基本

「開かれた社会では、ガバナンスの様々な段階での情報は、明確な根拠なく秘密であってはならない。例えば、自治体の建設計画を作る際、透明性が高ければ決定される前に市民が影響を与えることができる。市民を交えた協議は民主的プロセスの一部だ。

市民は投票者として、影響を与える人として、また消費者として、良い決定を下すために正しい知識を必要とする。したがって、公正な一般教養的な教育と、中立で真実を追求するメディアが必要だ。

市民としてのスキルの一つに、メディアリテラシーがある。情報を批判的に見る能力、特定の主張を信じる時、それを利するのは誰かを問う能力などだ。（中略）私たちが目にする情報の中には、意図的に意味を不明確にして混乱させ、巧みに洗脳を行うものもある」

情報開示と透明性は、フィンランドで基本的なことだ。「自治体の建設計画を作る際、透明性が高ければ決定される前に市民が影響を与えることができる」というのは現在、東京都が神宮外苑地区で進める再開発計画を思い起こさせる。緑豊かな憩いの場として親しまれたエリアに高層建築や商業施設を導入するもので、反対運動が起きている。環境に配慮し、都市の緑化を進める世界の潮流とも逆行するものだ。住民への情報公開や透明性、対話のない建設計画の例である。

「市民は投票者として、影響を与える人として、また消費者として、良い決定を下すために正しい知識を必要とする」として、市民の様々な役割からなぜ正しい知識が必要なのかを説明している。「人生観の知識」が知識を追求するのには哲学的な意味があるが、それに加え、こうした様々な市民の役割が求めるものでもある。

ここでも、中立で真実を追求するメディアとメディアリテラシーの必要性が説かれている。「情報の中には、意図的に意味を不明確にして混乱させ、巧みに洗脳を行うものもある」というのは、日本のメディアでとても多いのではないだろうか。

個人的なことは、政治的なこと

「多くの人が、自分は政治に無関心だと思っている。誰もが政党政治に興味があるわけではなく、退屈に感じることもある。また、変化を求めるためのエネルギーを持たない人も多い。自分の考えや価値観、生き方を社会が承認しないことを恐れる人もいる。（中略）しかし政治は、伝統的な政党政治だけでなく、共通の問題に影響を与えようとする試みとして広く捉えることができる。1960年代以降、フェミニズムのスローガンは、〝個人的なことは政治的なこと〟である。個人の人生の選択や自由は、常に政治の影響を受ける。例えばジェンダーや民族、障がいなどを理由に、人々は平等に扱われたり、自由を否定されたりする。多くの人生の選択は、ある意味で政治的なものでもある。家事や休みの分担も政治的だ。

女性やトランスジェンダー、マイノリティが初めてトップのポジションに就くこと。また、右翼の政治家、宗教的影響力を持つ人物、アイスホッケー選手がカミングアウトするたびに、続く道はより平坦になる。自分自身の選択によって世界を変えられる」

政治への無関心はフィンランドにもある。しかし、関心を持つこと、従来の政党政治に限らず、自分たちに共通する問題に影響を与える試みとして政治を捉えることが説かれている。「個人的なことは政治的なこと」というフェミニストのスローガンを挙げて、政治は実は自分に深く関わることと説明している。トランスジェンダー、障がいを持つ人、マイノリティにも目配りがある。カミングアウトのケースとして「右翼の政治家」を挙げているのは、フィンランド人党という右翼政党の政治家が、数年前に同性愛であることをカミングアウトしたことを指していると思われる。パートナーはアフリカ出身だ。一般的に、右派は同性愛にも移民にも否定的なので意外であり、「続く道をより平坦に」することができるのだ。

成功しなかった市民運動も、無駄ではない

「マイノリティや差別されるグループが政治から排除されると、その権利を守ろうとする人はいなくなる。（中略）政治は想像することから始まる。今の社会よりも自由で公平、より良い世界を想像することから。影響力への目覚めは、しばしば個人的な体験からもたらされる。自分や身近な人の生活に影響を及ぼしている社会問題に気づくが、自分一人では変えられない。医療の問題、地域の環境汚染、性的指向の権利、中絶の権利、セクハラ等、人々が問題解決のために共に行動することが政治だ。環境変動に関する運動、セクハラに対する#ＭｅＴｏｏ運動、反人種差別の『ニシン運動』のような行動は、人々が力を合わせ、自分たちをエンパワーする助けとなる」

これは、「マイノリティや差別されるグループ」と共にあろうとするスタンスを感じさせる。「その権利を守ろうとする人がいなくなる」から、それらの人々を政治から排除してはならない。

また、政治は「より良い世界を想像することから」「個人的な体験から」「自分や身近な人の生活に影響を及ぼしている社会問題に気づく」ことから始まるというのは重要な指摘だろう。「自分一人では変えられない」ので「問題解決のために共に行動することが政治」として、連結・連帯することの重要性を示している。例として医療問題、環境問題、セクシュアリティなどが挙げられている。ただし、全ての運動が成功するわけではない。#ＭｅＴｏｏ運動は国際的なうねりとなったが、影響を与えられる運動になるのは一部だ。しかし、それでも諦めずに行動を続けることが大切になる。

「ニシン運動」について説明すると、フィンランド人党党員のヘイトスピーチやレイシズムに対して、２０１９年に起こされた市民運動である。個人のツイート（現在はX）で始まり、フェイスブックで広がった。「ニシン運動」という名前は、イタリアの「サーディン運動」を真似たものだ。サーディン運動は、移民に反対する北部同盟のトップだったマテオ・サルヴィーニが政権を取ることを恐れたリベラルの運動だった。ただし、現在、サルヴィーニはイタリアの副首相・運輸大臣を務めており、成功しなかった運動である。

歴史的にヘイトスピーチは常にあったが、インターネットによって公共空間で広がるようになった。それに反対するニシン運動に賛同する人は多かったが、様々な現実的な問題に直面することになった。ソーシャルメディアで生じた市民運動には何千もの意見があるが、意思決定の組織はなく、実際の行動への移行が難しい。また、デモを呼びかけて行うのは容易いが、長期的なアクティビズムはより難しくなる。運動の目的を一本化し、サーディン運動のように特定の政党に反対する市民運動にする、あるいはロビイング活動に専念するなどの方向も考えられた。長期的な運動のためには、資金集めも必要になる。しかし、計画を明確化すると、それは自分が望むものとは違うと感じる人たちが出てくる。ニシン運動は、移民に対するヘイトスピーチやネガティブな発言を止めようとしたが消滅した。しかし、こうしたケースからも学べることがある。教科書が、「人々が力を合わせ、自分たちをエンパワーする助けとなる」としているのが印象的だ。

アイデンティティの政治

「政治は常に、ある程度までアイデンティティの政治であり、社会の様々な集団は、他の集団との関係において自分たちの権利に関心を持つ。例えば、国の独立運動はナショナルなアイデンティティを基盤にしている。フェミニストは、男女平等の問題を提起してきた。保守的な異性愛者は、変化する世界の中で自らの立場を守ろうとし、起業家は起業家への支援を求める。

多くの場合、どの政治問題が重要であるかは、その人の社会的な立ち位置が影響する。政治問題は、私たちは何者か、どうありたいか、私たちの最も深い価値は何かという問題と関連している。誰もが、複数の重なり合うアイデンティティを並列して持ち、状況に応じて選択している。（中略）アイデンティティは、様々な絶え間ない選択を通じて構築される。これは私が買うもの、これは発言せず黙っていること、これは私が支持すること、これは私が変化を望むこと等。こうした選択は、あるアイデンティティを強化し、他のアイデンティティを弱める。社会的、政治的アイデンティティもまた、時間とともに変化し、進化する。一方、人やグループを分断するだけでなく、団結させる価値観も驚くほどたくさん存在する。それによって、協力や合意、あるいは政策立案が可能になる」

アイデンティティの政治には、「自分が特定の抑圧された集団、または特権を持つ集団の一員であると考え、その集団の地位を向上させるために影響を与えようとする考え方」という註がついている。教科書1の第2章はアイデンティティに関するものだったが、ここで説明されるアイデンティティの政治は、それに直接繋がるものだ。

それは、政治が自分とは関係のない、どこか遠い世界の話ではなく、自分自身の問題であることを説くものでもある。

また、「私たちは何者か、どうありたいか、私たちの最も深い価値は何か」は、まさに「人生観の知識」が問う深淵な問いでもあり、そこにもリンクしている。こうした説明とその一貫性に感銘を受ける。

ただし、政治は自分に関わるアイデンティティの政治だけではない。ここでは取り上げないが、他人へのエンパシーから生まれる政治、また社会的な不平等を生まないための「無知のヴェール」という概念なども説明されている。「無知のヴェール」は、ジョン・ロールズの概念で、自分の利益を守るためではなく、公平な社会実現のために弱者に配慮する思考のモデルである。

私たちは日々、社会に影響を与えている

「私たちは、身近な環境で日々、影響力を及ぼしている。人は言葉、行動、そして感情でも影響力を行使する。また、他人の考えを受け入れたり拒絶したりすることで、他者に対して権力を行使する。（中略）ソーシャルメディア上で『いいね！』を押すことで、身近な環境にポジティブな影響もネガティブな影響も与えることができる。

今日のボランティアは、移民のフィンランド語やフィンランド文化学習を手伝う、ウィキペディアンになる、ギットハブ（GitHub）でコードを共有するなど様々だ。毎日ゴミを片付けるのが好きな人もいれば、老人ホームで歌を歌う、社民党の活動に参加することが好きな人もいる。いずれにせよ、驚くほど多くの人々が、常に他の人々のために何かをしている」

ここでは、影響を与えることができる身近な行動が示されている。ウィキペディアンは、ウィキペディアの内容を編集する人。ギットハブは、情報を共有、管理してソフトウェアなどの開発

をするクラウド上のコミュニティである。

「驚くほど多くの人々が、常に他の人々のために何かをしている」として、分断ではなくポジティブな関係で繋がる社会像を示している。

ボランティアは、歴史的には宗教的な意味合いを持つ行為だが、現在はギットハブの例が示すように、より広い行為を含んでいる。例えば、私の知人はラブラドールレトリバー犬を飼っているのだが、月に1度程度近くの高齢者施設を一緒に訪れるという。ラブラドールレトリバーはフィンランドで最も人気ある犬種で賢く、人懐こい。高齢者は犬を撫でたり話しかけたりして、喜ばれるそうだ。本人は、ボランティアと思ってしているわけではないが、他人のために何かをする行為である。

私が最も感心したのは、2015年にイラクやシリアからの難民約3万2千人がフィンランドに押し寄せた時の対応である。フィンランドは、スウェーデンやドイツほど大量の難民を受け入れていない。その時も、たくさんの難民受け入れを警戒したり嫌がったりする意見が強かったのだが、ヘルシンキには自宅の一部を提供した人たちが100人以上いた。また2022年2月、ソ連の突然のウクライナ侵攻によって多くのウクライナ人が国外に逃れた。フィンランドに難民として来た人たちに対しても、同様に自宅の一部を提供した人たちがいた。それは、なかなかできない行為だ。その奥深くには、キリスト教的な隣人愛の精神があるだろうが、現在の視点からはアクティビズムの形の一つであり、社会に影響を与える行為になる。
教科書に戻ろう。

「近代社会を形成した初期の市民運動はフェミニズムだ。多くの国で女性の投票権と社会的な平等の要求は、当初強い抵抗にあった。（中略）初めは富裕層の女性の権利を求める運動だったが、現在はインターセクショナルなフェミニズムが広がり、女性差別をより広い社会的不平等に繋がるものとして見る。多くの市民が、良い人生を生きるための同じ可能性を得るのでなければ、少数の特権的な女性がガラスの天井を壊すだけでは十分ではない。
市民権運動の目的は、異なるグループの地位を改善し、全ての市民に平等な権利を与えること。例えば、アメリカでは長い闘いの末、人種隔離政策が終わり、全ての市民に同じサービスと教育への可能性を開いた。マーチン・ルーサー・キングの演説、ローザ・パークスによるバスのボイコット運動、その他数えきれないほどのデモや、非暴力的な抵抗運動は、社会の構造をより平等なものに変えられることを示した。また、性的マイノリティの地位も、アクティビズムを通じて改善されてきた」

ここでは、再びフェミニズムが言及されている。「インターセクショナルなフェミニズム」は、1980年代末にアメリカの黒人フェミニストが提示した視点だ。女性であること、黒人であること、社会的階層の低さなどを理由に幾つもの差別が交差する。複合的な差別の構造を可視化して問題化、公平と平等を進めようとするものだ。それは、「少数の特権的な女性がガラスの天井を壊すだけでは十分ではない」という言葉にも表れている。

マーチン・ルーサー・キングは、非暴力による市民権運動を進めたアメリカの黒人牧師。ローザ・パークスは、1955年にアメリカ・アラバマ州で白人にバスの座席を譲ることを拒否した黒人女性である。こうした例からも、抑圧されてきた人たちやマイノリティの側にあって、社会正義を希求しようとする「人生観の知識」の立ち位置がよくわかる記述になっている。

ソーシャルメディアと影響力

「今日、ソーシャルメディアを使いこなすことで、驚くほどの影響力を与えることができる。インスタグラム、TikTok、自分のユーチューブチャンネルを通じて得た人気を利用して、自分にとって重要な価値観を広めることもできる。有名人は、自分の心の問題などを公に語ることで、社会に変化をもたらすこともある。（中略）しかし、個人的な恨みが中傷のキャンペーンを後押しすることもある。中傷に人生を狂わされて絶望したり、職を失ったりするケースもある。たった一つの投稿が、とんでもない名誉毀損になることもある。ヘイトや誤情報を広めないためにも、ソーシャルメディアの使い方には批判的であるべきだ。

ソーシャルメディアの炎上が、キャンセルカルチャーと見なされることもある。キャンセルカルチャーは、ポリティカル・コレクトネス（政治的な正しさ）などを理由として、以前は許されていた言動が、許されなくなることを指す。それは、ソーシャルメディアが、多様な声や異論に対する許容度が低いことを示す一方、問題とされる言動が、レイシズムや性差別、中傷を含んでいることが多い。〝前は問題にはならなかったのに、もう何も言えなくなった〟というのは、他者の権利を踏みにじる自らの権利を擁護するために使われることがある」

ここでは、ソーシャルメディアの持つ影響力の大きさとその両義性が語られている。重要な価値観を広めたり、社会に変化をもたらしたりする一方、中傷やヘイト、誤った情報をあっという間に広め炎上させることもある。「キャンセルカルチャー」は、現在の基準では容認できない言動を過去にした人物を弾劾して、業績や名声も否定することを指す。例えば、過去の性暴力によって名誉ある地位を剥奪されるのは、キャンセルカルチャーである。「前は問題にはならなかったのに、もう何も言えなくなった」という声は日本でもよく聞くのではないだろうか。

また、「他者の権利を踏みにじる自らの権利を擁護する」というのは、面白い言い方だ。それは、言論の自由の名によって、自分の発言を正当化しようとする傾向を指す。しかし、言論の自由は、他人の権利を踏みにじり、傷つけたり貶めたりするものであってはならないことは、フィンランドでは原則である。

「社会は人々が自分の考えを自由に表現できるようにすべきであり、良いマナーは社会の機能を円滑にし、集団間の対立を減らす。（中略）表現の自由は揺るぎない価値である一方、差別されないことも揺るぎない基本的権利だ」

これは、その前に言われたことと重複するが、とても重要なことだろう。

表現の自由という自分の権利だけではなく、人が差別されない権利を尊重すること。自分が権利を持つと同様に、他人も権利を持つことを認めること。自分が差別されない権利を持つように、他人も差別されない権利を持つ。それは、他人を差別しない義務とも言える。自分の権利の尊重と他人の権利の尊重は、フィンランドの教育で基本的なものだ。

教科書は、続けて「特定のグループの人々を皆同じとして一般化しないような方法で、異なる宗教やイデオロギーを批判することは可能だ。ある民族等について、ステレオタイプな一般化をすることはユーモアではなく差別」としている。これは、教科書1の「私とアイデンティティ」でも説かれていたことだ。外集団を均質的なものとして差別することを繰り返し戒めている。こうした反差別の教育は、とても重要だ。また、実際の社会の原則と整合していて、嘘のない教育である。

教科書は次のように続く。

「ユーチューブやその他のソーシャルメディアは、比較的少ない資本で独自のコンテンツを作り、共有する方法だ。つまり、ソーシャルメディアは主流文化への対抗勢力であり、文化を創造、発信する新しい方法でもある。好きなことを発信し、ネットを超えた世界でトレンドを作り出したり、何かを起こしたりもできる。有名になって収入を得る人もいる。ただし、影響を与えるには、メディアを独創的で巧み、信頼されるように使える必要がある」

「対抗勢力」については、「経済的・社会的権力」のところで、「権力の行使が恣意的な時、権力に従属的な者が行使する力」という説明があった。ここで、「ソーシャルメディアは主流文化への対抗勢力であり、文化を創造、発信する新しい方法」としているのは、そうした意味がある。ただし、前に見たように、主流文化がソーシャルメディアを利用することもあることも書かれていた。ソーシャルメディアは様々に使われるが、「独創的で巧み、信頼されるように」使うこと、つまり責任ある使い方を説いている。

ネットは両刃の剣

「多くの国で、インターネットの普及により、より多くの人々が社会的な議論や行動にアクティブに参加できるようになった。人々がスマホを使って出来事を即座に撮影できるようになって、情報の伝達は容易になり、隠蔽は難しくなっている。ソーシャルメディアの活用は、今日はアクティビズムの一部だ。

しかし、参加を損なうインターネット関連の現象は数多い。その一つが、インターネットの擬似的な影響力である。現実にある問題について影響を与える唯一の方法が、いいねをすること、あるいはネット上での発言に止まって、それ以上の行動につながらない。実際には影響することなく、参加したかのような錯覚に陥ってしまう。

インターネットのもう一つの欠点は、排除である。自分を受け入れてくれるオンライン・コミュニティを見つけられなかったり、差別に遭ったりする。ヘイトの上に築かれたオンライン・コミュニティもある。また、同じ関心を持つコミュニティだけにいると、現実の認識が歪められてしまう。デジタル文化は危険な、あるいはヘイトのコミュニティを維持し、暴力を煽る危険性もある」

インターネットの擬似的な影響力、排除、差別、認識の歪み、ヘイトのコミュニティなどの問題が的確に指摘されている。インターネットのない社会はありえないだろうが、インターネットは両刃の刀である。

デジタル・リテラシーは、フィンランドの教育が小学校の段階から重視していることで、的確な教育が行われていることに感心する。

民主主義には、行動が欠かせない

教科書は、自分が影響を与えられる行為として、次のようにリスト化している。

- 投票。また、人に投票するよう勧めること
- 抗議の投票、反対投票
- 立候補すること
- 政党での活動
- 政党の青年組織の委員、高校生同盟、青年議会などでの活動
- 国際的な活動
- 市民イニシアティブ
- 法制化を求める、署名する
- ソーシャルメディアで弱者を擁護する
- レイシズムのステッカーを剥がす、貼り替える
- 居住地の自治体評議会、国会議員、大臣、その他影響力のある人にコンタクトする

・雑誌に記事を書く
・デモ、行進
・市民団体を通した影響力の行使
・職業組合に所属
・身の回りの問題に取り組む
・ボランティア
・寄付
・倫理的な消費
・ボイコット
・菜食主義、公共交通機関の利用
・ソーシャルメディアでキャンペーン
・責任あるソーシャルメディアの使用
・アートを通じた活動
・科学
・ハンガーストライキ
・ハッキング*

・市民的不服従＊
・暴力、テロ＊
・革命、クーデター＊

このように、影響を与えるための方法は、とても多様なことがわかる。影響を与えることが民主主義のためにとても重要なこと、民主主義には行動が不可欠なことが様々な角度から示されていて、その本気度が伝わってくる。つまり、影響を与えるのは、何年に1度かの選挙で投票するだけではない。それでは全く不充分なのだ。リストの最後は不穏になってきて、「＊」には非合法という註が付けられている。ただし市民的不服従は、必ずしも全てが非合法ではない。

例えば、フィンランドでは兵役拒否をし、武器を使わず医療施設などで働くシビル・サービスが認められているが、ここでは一般論として書かれている。暴力やテロ、革命、クーデターを勧めるものではないが、それも影響を与えるための方法という見方が示されている。歴史的な出来事、現在世界で起きていること、自分がすべきことなどを含め、自分で判断できる人になること。私は、こうした教育をとても優れたものと思う。

ここで見てきたような教育に当たるのは、日本では「主権者教育」である。文科省による主権者教育の定義は次のようだ。

「『政治の仕組みについて必要な知識を習得させるにとどまらず、主権者として社会の中で自立し、他者と連携・協働しながら、社会を生き抜く力や地域の課題解決を社会の構成員の一人として主体的に担うことができる力を身に付けさせること』を目的とした教育」

「主権者」という概念は、フィンランドで教えるような流動的なアイデンティティではなく固定的だ。また、社会や地域への批判的視点は含まない。架空の選挙を設定し、模擬投票をする、模擬請願する、模擬議会を開くなどしている高校もあるようだが、その内容は、現在ある社会や地域を前提とし、その仕組みを知る、決まりを守るなどに重点が置かれていて、限定的な知と実践に留まっている。

また、「有権者」という概念もあるが、総務省と文科省はそれを間接民主主義の政治参加、選挙に参加する権利として説明している。それは「課題について調べ、考え、自分なりに判断し、政治に参加していくこと」であり、「権利であり、国家・社会の形成者としての責務」という位置付けに留まる。権利というと責務（義務）とセットにしたい心理が感じられるが、政治教育として欠陥があると言わざるを得ない。

人権——最も重要で、根源的な権利

人権は普遍的で不可侵、根源的なもの

ここでは、教科書2の最終章「持続可能な未来を構築する」の中から「人権」を見たい。最も重要な権利が人権として分割されることが説明され、次のように続く。

「人権は宗教や文化、性別、性的指向、健康か病気か、あるいは貧富の差に関係なく、世界中の全ての人が持つ。その根拠は、全ての人は人であることによって尊厳を持ち、従って道徳的な特質を持つという考え方にある。人権は普遍的で不可侵、かつ根源的である」

ここでは、人権について最も基本的なことが述べられている。

「人権は普遍的で誰にも侵すことができず、かつ根源的」という考え方は、キリスト教から導き出されるものだろう。ただし、宗教や文化、性別、性的指向、貧富などの条件によって左右されることなく、「世界中の全ての人が持つ」というのは、未だ実現されていない理念である。それは、様々な理由や状況から実現が難しいことであり、偽善的と批判されることもあるが、目指す

べきものであり、高い理念と言えるだろう。

「人権を普遍的なものとして語る時、それは居住国や性別、生まれついた階級、あるいは運よく上昇させた社会的地位等にかかわらず、世界中の全ての人が持つことを意味する。例えば、欧米の豊かな先進国の住民は、貧しい発展途上国の住民よりも基本的人権に値するわけではない」

ここでは、人権に条件はなく、普遍的であることが再度確認されている。「貧しい発展途上国の住民」にも人権があるというのは、未だ実現されていない理念だが、そこには人権を世界に広げていくキリスト教的な伝道のイメージも感じられる。

「人権は相互依存的であり、一つの権利の促進は他の権利の実現に繋がり、一つの権利の侵害は他の権利の侵害に繋がる」

これも、重要な考え方だ。それは、ある権利が欠けていると、他の権利も欠けてしまうという繋がりになる。権利は政治的、市民的、社会的、文化的、経済的なものに分けることができるが、それらは相互に関連しあっている。

また、それぞれの重みは等しく、そのうちのどれかが欠けると、他のものを十分に享受できないという関係がある。例えば、健康への権利の遂行は、教育を受ける権利や情報を得る権利と関連している。

「人権は不可侵であるというのは、国家がある人の人権を侵害することを決めたとしても、あるいは当事者自身が同意している時にさえも、人権が解消され侵害されることはないことを意味する。多くの国で、売春の斡旋は犯罪行為である。それは、最も極端な場合、人身売買を伴うこともある。たとえ表向きは同意していたとしても、他人の人権を侵害してはならない。また、強制的な治療を受けさせるためのハードルは高い。本人自身の意思に反するためには、本人、あるいは他人にとって危険がある場合でなければならない」

ここで述べられていることも重要だ。複数の事柄が述べられているので、順番に見てみよう。「国家が、ある人の人権を侵害することを決める」というのは、例えば死刑判決があるだろう。それは生存権の拒否であり、人権侵害になる。フィンランドでは、1826年以降、犯罪を理由として平時に処刑されたケースはない。しかし、戦時中は敵前逃亡などの罪での処刑が1944年まであった。平時の死刑が廃止されたのは、1949年である。

現在、OECD諸国の中で死刑制度を持つのは、日本と韓国、アメリカのいくつかの州のみだ。ただし、韓国では1997年以降、施行されていない。

人権の侵害に気づけるか

教科書に戻ると、「当事者自身が同意している時にさえも、人権が解消され侵害されることはない」という考え方も重要である。ここでは、例として売春の斡旋が挙げられている。日本で罰されるのは、売春する女性だが、スウェーデンやノルウェーのように買春する側を非合法化した国もある。「北欧モデル」と呼ばれる考え方だ。

フィンランドで、売春と買春は犯罪ではないが、売春の斡旋は犯罪である。女性が売春することに同意していたとしても、第三者が性行為を斡旋し、売春の場を提供することは人身売買とみなされ処罰される。そこには、こうした人権の考えがあるからだ。

自分が選択し決定することは大事なのだが、それが人権を侵害するものであるなら、自己決定より人権の方が重要なことになるのだ。

この考え方は、日本の学校の人権問題を考える手掛かりになる。例えば、「好んで坊主なのに、なぜダメって言うんでしょうか」という2024年3月の記事がある。鹿児島県の高校野球選手が、全員丸刈りにしていることについての監督の言葉だ。高校野球では、坊主頭がスタンダードだ。「好んで坊主なのに、なぜダメ」なのかは、たとえ本人がそれを受け入れ、好んでしているようであっても、自分の身体についての決定権を侵害してはならないからである。

教科書に戻ると、「強制的な治療を受けさせるためのハードルは高い」とし、逆に「本人自身の意思に反する」ことを強制する例にもふれている。それは、「本人、あるいは他人にとって危険がある場合」で、重度のアルコール依存症や薬物依存症などが考えられる。

「自分に責任を持つ」の意味

「個人主義とは個人を中心とした考え方であり、その対極にあるのが集団主義である。個人主義的な文化では、自分のアイデンティティや世界観は自分中心的である。社会は、各人が自分自身に責任を持つという基本的な前提の上に成り立っている」

「自分自身に責任を持つ」というのは、日本でよく聞く自己責任のようでもある。しかし、本書で見てきたように、「自分自身に責任を持つ」というのは自分自身の道徳的基準を持って、同調圧力に屈しないことであり、ここでは個人主義的なものとされている。

日本の自己責任は、ある結果について自分が責任を持つことで、特に何かうまくいかなかった場合などに、非難の口調で用いられることが多い。貧しいのは自己責任、失敗したのは自己責任というように。

日本は、個人主義ではなく集団主義の国だが、「自分自身に責任を持つこと」の意味もフィンランドとは異なるようだ。

「個人の要求を満たす際には、他人に危害を与えたり、その権利を侵害したりしないものでなければならない。個人はコミュニティ（共同体）の一員であるため、どのような統治が望ましいか、どの程度、自分の要求と他人の要求に折り合いをつけるかを、自分一人で決めることはできない。例えば、難民に宗教を変えるよう要求することはできない。また、誰もが異性愛者であることを求めることも、同性愛を唯一の規範とするよう求めることもできない。社会倫理的な問題とは、個人や集団の間で正義を実現するために、社会をどのように組織すべきか、国家の法律はどうあるべきか、ということになる」

個人主義と言っても、個人は常に様々なコミュニティの一員であること、個人の要求を満たす時、それが他人の権利を侵すものであってはならないことが、再び確認されている。自分が望むことと他人が望むことに乖離がある場合、その落とし所は一人で決めることができない。個人間、集団間での正義の実現は、社会制度や法律の問題になる。ここで例として、難民と宗教、異性愛と同性愛が挙げられているのは、それが現在的な問題であるからだ。難民と宗教は、より具体的にはイスラーム教とその信者を指す。

続いて、世界人権宣言やその他の条約が9つリストアップされている。子どもの権利、女性の権利、障がい者の権利、性的マイノリティの権利、先住民族の権利、人種差別禁止に関わるものに加え、拷問や残酷で非人間的な扱いや刑罰禁止に関するもの等である。

また「世界人権宣言に対してはヨーロッパ中心主義という批判があり、代替となる宣言として、1990年にエジプト・カイロで批准された『イスラームの人権に関するカイロ宣言』がある」としている。こうして、マイノリティの立場にある人たちの権利や人権を広げる努力の形跡を見ることができる。

問題を隠さず明かすフィンランドの教科書

「人権は、世界で実現にはほど遠い。例えば、貧困は人権の立場からの数十年にわたる取り組みにもかかわらず、なくすことができない。世界人権宣言には拘束力がないことも批判されてきた。人権の実現を進めようとしない国家に対する罰則はない。人権を法的に実現する責任は国家にあるが、その一方で、人権は私たち全員の責任でもある」

「人権を法的に実現する責任は国家にある」ことが、再び確認されている。その一方、私たち一人ひとりが守り、実現する責任を負っているという自覚も重要だろう。

「世界人権宣言はまた、理論と実践の矛盾を批判されてきた。フィンランドのような民主主義国家、法治国家であっても、大きな問題がある。例えば、世界最大の人権団体アムネスティ・インターナショナルは、フィンランドの兵役義務の完全拒否者の扱いを良心の囚人と同列化して批判した。トランスジェンダーに関するフィンランドの法律も、人権に反するとしてきた。アムネスティは、現在もいくつかの国に存在する死刑制度を人権侵害として反対している」

フィンランドが民主主義国家であり法治国家であることは、政治家もよく口にする。それは誇るべきことと、また守るべき原則である。しかし、まだ問題があり、修正されるべき点も示されている。

「良心の囚人」は、政治的・宗教的・その他の信条のために投獄された囚人を指す。兵役義務の完全拒否者というのは、兵役拒否の形態としてのシビルサービスも拒否する人を指す。フィンランドでは、男性に兵役義務があり、20代のうちに果たすことが求められているが、兵役拒否としてシビルサービスがある。武器使用を拒否し、保健機関や図書館などで働き、社会的な貢献をすることで少額の日当を得る。毎年、約7％がシビルサービスに就いているという。それも拒否するのが、完全拒否である。

完全拒否は、2011年まで禁固刑に処せられており、アムネスティに批判されていたが、2011年以降は電子的な監視刑に変わった。「電子的な足枷」をつけて、毎日の外出と帰宅時間をチェックされるシステムである。

「トランスジェンダーに関するフィンランドの法律」は、２０２３年1月までトランスジェンダーを理由に人口登録にある性別を変えるために、断種手術を受けることを義務付けていたこと等を指す。しかし、長い議論を経て、２０２３年2月に「トランス法」が発効した。それによって人口登録の性を変える時、繁殖能力がないことを記す医師の証明書は不要になり、18歳以上の人は、届出によって性別を変えられるようになった。

教科書が、こうして国際機関から指摘された問題を隠さず明かしていることは好感が持てる。前記の引用には「アムネスティは、現在もいくつかの国に存在する死刑制度を人権侵害として反対している」とあるが、そこには日本も含まれている。

人権のルーツはどこにあるか

教科書は、人権の歴史のルーツは哲学にあるとし、人権概念の誕生と発展にもふれている。

「17世紀以降、近代的な国家の萌芽があり、宗教改革やカトリック教会への反発によって、自然権という概念が道徳研究として重要になった。オランダの弁護士であり哲学者のフーゴ・グロテイウスは国際法の最初の開発者と言われる。グロティウスと同時代のトマス・ホッブズは『リヴァイアサン』（1651年）の中で、「万人の万人に対する戦争」が存在する自然状態において、人間は支配者不在であると書いた。自然状態では誰も安全ではないので、自分たちの安全を確保するために、人々は主権を持つ支配者に権利を委ねる。国家は、人々の安全のために成立しなければならない。正義は自然に由来するものであり、ホッブズの考えでは、主権者が維持する法と世界の道徳の間には齟齬がない。

啓蒙主義の時代の1700年代、ジョン・ロックやジャン＝ジャック・ルソーといった哲学者たちは、自然権の理論を法的権利へと発展させた。自然権の思想が、初めて各国の憲法に書き込まれ、哲学的理論から法的規範への変化が起きた。法律は国家と個人の間の契約だった。1789年のフランス人権宣言や1791年のアメリカ権利章典は、個人の自由意志から国家権力に至るまで、個人と国家の間の契約に基づいていた」

ざっくりした思想史が述べられている。安全確保のために、人々は主権を持つ支配者に権利を委ねる。国家は、人々の安全のためにあらねばならない。正義は自然に由来するもので、主権者が維持する法と道徳の間には齟齬がないなどの考え方は、とても興味深いのではないだろうか。

人権侵害の実情

「しかし、現実には人権侵害は起こる。1800年代になると、人権の考え方は多くの国に広がり、人々の経済的・社会的権利が認められ始めた。しかし、憲法による人権の承認は、国家が法律によって人権を法的に支えることを必ずしも意味しない。憲法があるにもかかわらず、人権が制限、無視、あるいは侵害されている国もある。地理的に私たちに最も近い人権侵害は、ナチスドイツにおけるユダヤ人、ロマ（ジプシー）、同性愛者などに対する人権侵害や、ソ連のスターリン政権下での大規模な弾圧である。

第二次世界大戦とナチスによる残虐行為は、広範な人権保護の必要性を生じさせた。1948年に国連総会で採択された世界人権宣言は、人権を広く保護することを目的としている。世界人権宣言の条文には、生命への権利、拷問や奴隷制からの自由、思想と宗教の自由、差別されない権利などの市民的権利が含まれている。また、有罪が証明されるまでの無罪、公正な裁判を受ける権利、恣意的な逮捕・拘留・国外追放の禁止といった法的権利も含まれる。さらに人権には社会的、経済的、政治的、文化的権利が含まれる。それは教育や医療を受ける権利、私有財産、労働、充分な生活水準への権利、政治的意思決定に参加する権利、教養・文化的な生活への権利などである」

1948年の世界人権宣言には、こうした流れがあった。それは大きな出来事だが、1600年代の萌芽から見ると断絶があり、着実な進展があったわけではない。また、理念ではあるが、まだ達成されていない権利も多い。

例えば、日本では過労死や子どもも含めた自殺が多いが、生命への権利（生存権）は保証されているだろうか。差別されない権利、公正な裁判を受ける権利、恣意的な逮捕・拘留をされない権利、教育を受ける権利、充分な生活水準への権利、政治的意思決定に参加する権利、教養・文化的な生活への権利などはどうだろうか。現在の日本の問題を考え、解決を図るために、人権が極めて重要な概念であることは疑いがない。

フィンランドでは、教育と現実に乖離がない

以上、『人生観の知識2　私と社会』から一部を見た。視野の広さは第1巻と同じだが、政治的な課題が多く、民主主義や社会正義を主張するものになっている。また、それは現実のフィンランド社会と齟齬がない。両方の教科書について言えることだが、教科書が示す人間像も多様だ。写真は、男性より女性の方が多い。人種の表象は、非白人系も多い。また、外見からは性別があまり明確ではない人たちも交ざる。そうして、多様化する世界を可視化している。

教科書には、各章の導入としてエピソードが入れられていることが多いが、登場人物は、移民のバックグラウンドを持つ生徒やイスラーム教の生徒、少し障がいを持つ生徒、地方の小さい自治体に住む生徒など多様に設定されている。また、そうしたエピソードでも、学校や行政を権威としない態度が一貫している。

例えば、「人生観の知識」の選択を希望する生徒が少なく、クラスが提供されたことのない小さな自治体の話はその一例だ。フィンランドには、地方自治体と政府の2つのレベルに設けられたオンブズマンがあり、行政上の不満を申し立てる制度がある。そこに親が申し立て、それが通って初めて生徒4人の「人生観の知識」のクラスが実現した話は、行動することによって影響を与える例になっている。物言わぬ民ではなく、アクティブであることは、民主主義を維持し進めるために不可欠という考え方が一貫している。

各項目の終わりにつけられた質問や課題の内容や形態も面白い。ある時事問題について意見の異なる2人の会話を作るもの。ビデオ、漫画、録音音声、書面のどの方法で答えても良いもの、2人以上の生徒で寸劇にして良いものなどもある。

質問は、教科書の内容にべったりしたものではなく、生徒自身の思考を引き出そうとしたり、新しいことを考えたりするスタイルになっている。

この教科書は入門的な知識や観点を与えるものだが、それは必ずしも体系的には示されていない。

読んでいて、トピックが飛ぶことや行きつ戻りつすることに驚くこともある。コラム的な読み物やリンクも多く、多様な観点や理論、実際の例などが、思考や想像力の飛翔を促すようなスタイルで書かれている。それはデジタル文化に慣れた高校生の知覚の仕方に合っていて、好奇心を刺激したり、進路に迷う時の指針にしたり、大学でより深く学ぶことを誘ったりするだろう。あるいは、記憶のどこかに残って、後になって芽を出すこともありそうだ。

第3章

「きまり」を教える日本、「本質」を教えるフィンランド

日本の道徳

ここで日本に視線を移してみよう。日本で、「人生観の知識」に相当する科目は道徳である。従来、道徳は教科ではなかったが、2015年に小中学校の学習指導要領が一部改定され教科化された。さらに、「道徳教育は学校の教育活動全体を通じて行う教育活動」と位置づけられ、小学校では2018年、中学校では2019年から全面実施されている。

2000年代以降の日本の道徳教育の大きな流れとして、教育基本法改正（2006年）、小中学校学習指導要領等の一部改正と道徳の教科化（2015年）、中央教育審議会答申（2016年）、高等学校学習指導要領改訂（2018年）、生徒指導提要（2022年）などがある。第一次安倍内閣での教育基本法改正は、「戦後平和主義」の教育の大きな方向転換となるものである。

高校での道徳は、2018年の高等学校学習指導要領改訂によって、公民と呼ばれるようになった。この章では、「小学校学習指導要領解説　特別の教科　道徳編」「小学校道徳読み物資料集」「高等学校学習指導要領解説　公民編」「生徒指導提要」から日本の道徳教育の概要を見ている。

前章ではフィンランドの高校の教科書を見たので、ここでは日本の高校の教科書を見るべきと思われるかもしれないが、そうしない理由は2つある。1つは、日本の教科書は書店などで市販されておらず、入手が難しいことだ。

2つ目は、ここでの目的は、日本の道徳教育全体の基本的な考え方を概観することだからである。第1章と第2章では、フィンランドの教育全体の中に「人生観の知識」を位置付け、教育庁の考え方も見た。高校の「人生観の知識」は小中学校で学ぶことの延長上にあって、基本的な目的や内容は共有されている。同じように、日本の道徳教育の目的や内容も、小学校から高校まで共通項が多い。本書のためには、むしろ文科省が出す指導要領とその解説などを見るのが良いからである。

まず「小学校学習指導要領　特別の教科　道徳編」とは、どんなものか。それを解説する「小学校学習指導要領解説　特別の教科　道徳編」（以下、小学校学習指導要領解説）から中身を見てみよう。改訂の経緯は次のようだ。

「我が国の教育は、教育基本法第1条に示されているとおり『人格の完成を目指し、平和で民主的な国家及び社会の形成者として必要な資質を備えた心身ともに健康な国民の育成を期して行われ』るものである」

「人格の完成及び国民の育成の基盤となるものが道徳性であり、その道徳性を育てることが学校教育における道徳教育の使命」「道徳教育においては、人間尊重の精神と生命に対する畏敬の念を前提に、人が互いに尊重し協働して社会を形作っていく上で共通に求められるルールやマナーを学び、規範意識などを育む」「内省しつつ物事の本質を考える力や何事にも主体性をもって誠実に向き合う意志や態度、豊かな情操などは、『豊かな心』だけでなく、『確かな学力』や『健やかな体』の基盤ともなり、『生きる力』を育むために極めて重要なもの」とされた。

また「歴史的経緯に影響され、いまだに道徳教育そのものを忌避しがちな風潮があること、他教科に比べて軽んじられていること」から「学校教育法施行規則を改正し、『道徳』を『特別の教科である道徳』とする」としている。

「歴史的経緯に影響され、いまだに道徳教育そのものを忌避しがちな風潮」というのは、戦前、また戦時中の教育勅語を中心とする修身の教育を忌避する風潮を指すだろう。

ポジティブな感情ばかり重視する教育

「内容項目の指導の観点」として小学校1～2学年、3～4学年、5～6学年、中学校に分けてまとめられている。それぞれ「A 主として自分自身に関すること」「B 主として人との関わりに関すること」「C 主として集団や社会との関わりに関すること」「D 主として生命や自然、崇高なものとの関わりに関すること」の4つに分けられている。

それぞれを見ると、Aには「善悪の判断、自律、自由と責任」「正直、誠実」「節度、節制」「個性の伸長」「希望と勇気、努力と強い意志」「真理の探求」の項目がある。

Bは「親切、思いやり」「感謝」「礼儀」「友情、信頼」「相互理解、寛容」。

Cは、「規則の尊重」「公正、公平、社会正義」「勤労、公共の精神」「家族愛、家族生活の充実」「よりよい学校生活、集団生活の充実」「伝統と文化の尊重、国や郷土を愛する態度」「国際理解、国際親善」。

Dは「生命の尊さ」「自然愛護」「感動、畏敬の念」「よりよく生きる喜び」である。

AからDで1～2学年、3～4学年として、より具体的に書かれているものをいくつか挙げると、次のようだ。

「うそをついたりごまかしをしたりしないで、素直に伸び伸びと生活する」
「正直に明るい心で生活する」
「現在の生活を築いてくれた高齢者に、尊敬と感謝の気持ちをもって接する」
「気持ちのよい挨拶、言葉遣い、動作などに心掛けて、明るく接する」
「約束や社会のきまりの意義を理解し、それらを守る」
「父母、祖父母を敬愛し、進んで家の手伝いなどをして、家族の役に立つ」

「我が国や郷土の伝統と文化を大切にし、国や郷土を愛する心をもつ」

続いて、5~6学年と中学校では次のようなものがある。

「日々の生活が家族や過去からの多くの人々の支え合いや助け合いで成り立っていることに感謝し、それに応える」

「時と場をわきまえて、礼儀正しく真心をもって接する」

「働くことや社会に奉仕することの充実感を味わうとともに、その意義を理解し、公共のために役に立つことをする」

「先生や学校の人々を敬愛し、みんなで協力し合ってよりよい学級や学校をつくるとともに、様々な集団の中での自分の役割を自覚して集団生活の充実に努める」

「日本人としての自覚をもって国際親善に努める」

「美しいものや気高いものに感動する心や人間の力を超えたものに対する畏敬の念をもつ」

これらは、日本の学校教育がどういう人間像を目指すかを語っている。また、複数のアイデンティティを考えるのではなく、「日本人」であることを目指す。感情に関する言葉が多いのも特徴だろう。明るい、感謝、尊敬、敬愛、楽しい、愛する、感動、充実感、幸せ、畏敬、喜びなどである。この中で畏敬はやや異なる感情だが、皆ポジティブな感情であり、ネガティブなものや陰影のあるもの、葛藤するものはない。

道徳科の授業では、「特定の価値観を押し付けたり、主体性をもたず言われるままに行動するように指導したりすることは、道徳教育が目指す方向の対極にあるものと言わなければならない」とあるが、矛盾していないだろうか。こうして矛盾したり、言っていることと実際にしていることが一致しなかったりするのは、日本の教育でしばしば見かける。

また気になるのは、崇高という言葉である。

それは「生命の尊さを知り、生命あるものを大切にすること」「生命はかけがえのない大切なものであって、決して軽々しく扱われてはならない」「連続性や有限性を有する生物的・身体的生命、さらには人間の力を超えた畏敬されるべき生命（中略）。生命のもつ侵し難い尊さ」「生死や生き方に関わる生命の尊厳」などと説明されている。

「侵し難い尊さ」や「尊厳」は、キリスト教的な感覚であり概念だろう。また、「生命に対する畏敬の念」は宗教的な感情であり、宗教的なものを紛れ込ませている。ドイツの宗教哲学者ルドルフ・オットーは、ヌミノーゼという概念を論じた。それは聖なるものや神秘的なもの、霊的なものに対する強い宗教的な感覚を指す。

日本では戦後、宗教の教育は禁じられたのだが、宗教的なものが紛れ込んでいるようだ。「生命の尊さを知り、生命あるものを大切にする」とあるが、日本の学校は子どもの命を大切にしているだろうか。子どもの権利のなさ。後で見る「指導死」。いじめによる自死。2004年度までの10年間で152件あった部活中の事故死。

こうした事件で学校や教育委員会は、必ずしも子どもの命を大切にする行動をしていない現実がある。

宗教的なものが紛れ込んでいないか

「小学校学習指導要領解説」には宗教的なものがある一方、「自分の誕生を心待ちにしていた家族の思いや、自分の生命に対して愛情をもって育んできた家族の思い」「遠い先代から受け継がれてきたものであるという不思議さや雄大さ」「自分一人のものではなく多くの人々の支えによって守り、育まれている尊いもの」という感じ方には、日本の家族主義も示されている。

それは家父長的な家族であり、個人としての自分よりも先代や家族、多くの人々の中の自分を重視するものでもある。

公立小学校で行われている「二分の一成人式」が疑問視されることがある。10歳（小学4年生）の子どもが、赤ちゃん時代の写真などをクラスで見せて発表、参観する親の前で、親への感謝を語る式だが、現実には様々な家庭の事情の子どもがいる。「自分の誕生を心待ちにし」「愛情を持って育んで」もらった子どもばかりではないのだが、「二分の一成人式」はこうした家族観に基づいているだろう。

付け加えると、そうした家族観は、古代ローマの哲学者キケロの言う「自然的祖国」を表すものでもあるだろう。「自然的祖国」は両親や家族、血縁、生まれ故郷などの共同体を指す。それは、法律によって共有される共同体である「市民的祖国」に対するものだ。

宗教に戻ると「小学校学習指導要領解説」では、次のように書かれている。

「宗教が社会で果たしている役割や宗教に関する寛容の態度などに関しては、教育基本法第15条の規定を踏まえた配慮を行うとともに、宗教について理解を深めることが、自ら人間としての生き方について考えを深めることになるという意義を十分考慮して指導に当たることが必要である」

これは、「国際理解、国際親善」の項で書かれているのだが、宗教は具体的に何を指しているのか、不明確な記述である。ここで言及されている教育基本法第15条は、次のようだ。「宗教に関する寛容の態度、宗教に関する一般的な教養及び宗教の社会生活における地位は、教育上尊重されなければならない」。つまり、教育に宗教があってもよいと読める。

「高等学校学習指導要領解説」には、次のような記述もある。

「今回の改訂においては、教育基本法等を十分に踏まえ、社会参画や様々な伝統や文化、宗教に関する学習を重視する観点から、各科目の特質に配慮して引き続き社会参画、伝統や文化、宗教に関する学習の充実を図っている」

ここでは「社会参画、伝統や文化、宗教」と並べられているが、なぜそれが並ぶのかがわかりにくい。

「主体的に社会に参画しようとする態度についての課題が指摘される中、公職選挙法の改正に伴い選挙権年齢が満20歳以上から満18歳以上に引下げられたことなども踏まえ、選挙権をはじめとする政治に参加する権利を行使する良識ある主権者として、主体的に政治に参加することについての自覚を深めることなど、これからの社会を創り出していく子供たちが、社会や世界に向き合い関わり合い、自らの人生を切り拓いていくことが強く求められている」と説明されている。社会参画は、選挙権を行使し「主体的に政治に参加すること」とされている。

また、「伝統と文化」については、教育基本法第2条5が次のように規定している。

「伝統と文化を尊重し、それらをはぐくんできた我が国と郷土を愛するとともに、他国を尊重し、国際社会の平和と発展に寄与する態度を養うこと」

多くの研究者が指摘してきたように、「我が国と郷土を愛する」と法律が規定するのは、思想の自由に踏み込むものだろう。また、「指導要領」で宗教は何を意味するのかについては説明がない。宗教が教育上どう位置付けられているのかは、明らかにされていないようだ。

きまりと偽善

「小学校学習指導要領解説」で特徴的なのは、きまりときまりの遵守が多いことだ。日本の学校では、「きまりだから」ですまされる問題が多い。「きまりだから守る」「きまりだから仕方がない」という感じ方は普通だ。学校には、意味はわからないが厳格な校則が多い。最近、中学生や高校生が「ブラック校則」を変えようとしたり、データベースを作ったりするニュースを聞くようになった。「ブラック校則」を設定したのは大人なので、高校生が多大な時間と労力を使って変えようとするのではなく、大人が変えるべきなのだが、肯定的に報じられるケースが増えたのは「子ども基本法」の施行に関係しているようだ。「生徒指導提要」は次のように述べる。

「『こども基本法』が成立し、子供の権利擁護や意見を表明する機会の確保等が法律上位置付けられました。子供たちの健全な成長や自立を促すためには、子供たちが意見を述べたり、他者との対話や議論を通じて考える機会を持つことは重要なことであり、例えば、校則の見直しを検討する際に、児童生徒の意見を聴取する機会を設けたり、児童会・生徒会等の場において、校則について確認したり、議論したりする機会を設けることが考えられます。児童生徒が主体的に参画することは、学校のルールを無批判に受け入れるのではなく、児童生徒自身がその根拠や影響を考え、身近な課題を自ら解決するといった教育的意義を有するものと考えています」

子ども基本法によって、「子供の権利擁護や意見を表明する機会の確保等が法律上位置付けられ」たと主張するもののようにも聞こえる。子ども基本法は、国連子どもの権利条約を意識したものだが、内容は大きく異なり、子どもの権利を幅広く認めるものではない。また、子どもの権利条約にあるのは意見を表明する権利だが、子ども基本法では「意見を表明する機会の確保」になっている。しかし、「校則の見直しを検討する際」には有用であるかのように書かれている。ただし、そこで起きるのは、「校則について確認したり、議論したりする機会を設ける」ことだ。

また、「児童生徒が主体的に参画することは、学校のルールを無批判に受け入れるのではなく、児童生徒自身がその根拠や影響を考え、身近な課題を自ら解決するといった教育的意義を有するもの」という記述には、「主体的に参画」「根拠」「影響」「解決」などという言葉が散りばめられているが、そもそもなぜ子どもの権利を侵害するものが与えられているのか、なぜそれを子どもが解決しようとしなければならないのか、疑問を感じるのである。

「小学校学習指導要領解説」は、きまりを守ることについて、「国際的な関係においても法やきまりの遵守が求められており、『国際理解、国際親善』にも通ずるものである」としている。

しかし、これには説得力がない。日本政府は、国連などから守るよう勧告を何度も受けてきているにもかかわらず、多くの国際条約を守っていないからである。例えば、国際人権規約の選択議定書は、日本では未批准だ。理由は「濫用のおそれ」についての懸念である。つまり、こうした「小学校学習指導要領解説」の説明には嘘があり、子どもに要求する道徳と現実が一致していない。子どもは賢く、感じやすい。こうした学校の偽善に気づかないとは思えないのだ。

生活や感情に介入していないか

２０１１年に、文科省は「小学校道徳読み物資料集」を発行した。前書きには、道徳教育の充実・改善を図って「児童が感動を覚えるような魅力的な教材の開発や活用」などを行っているとある。望ましい道徳教材のあり方として、「生きる喜び・夢や勇気を与え、人間としてよりよく生きることの意味を深く考えられるもの」「人間尊重の精神や生命に対する畏敬の念にかかな」うものなどが挙げられている。

「感動」「喜び・夢や勇気」「畏敬の念」は、日本の学校教育で繰り返し出てくる感情だが、人は様々な感情を持っている。子ども自身が、様々な感情や見知らぬ感情を経験するのではなく、むしろ制限し、文科省が特定の感情へ誘導しようとする傾向が強い。その一方、子どもの権利や批判的思考は封印されている。また、「人間尊重の精神」とあるが、日本の教育は子どもを尊重しているだろうか。

1～2学年用の「小学校道徳読み物資料集」を覗くと、あいさつの大事さ、三世代同居の家族、明るく元気、野球チームなどの内容である。「中学校道徳読み物資料集」で、冒頭の読み物のタイトルは「町内会デビュー」だ。道徳の読み物集などの教材は、自治体などが発行することが認められている。そこには「江戸しぐさ」を「礼儀・思いやり」として載せているものもある。江戸しぐさは、全く史実に基づかない作り話であり、フィンランドの学校で同様のものが使われることはありえない。もし使われることがあるとしたら、フェイクニュースや真実ではない情報を見分けるための教材としてだろう。

より生活に密着した活動の1つとしては、文科省の「早寝早起き朝ごはん」国民運動がある。「子供の生活習慣づくりについて、社会全体の問題として子供たちの生活リズムの向上を図っていくため」に、2006年に「早寝早起き朝ごはん」全国協議会が発足している（文科省、「早寝早起き朝ごはん」国民運動の推進について）。家庭での日常生活にも国家的に介入しようとする運動である。また、文科省が主導している行為を「運動」と称するのは違和感がある。運動は、市民が異議申し立てや社会改革を目指して行うものを指すからだ。

また日本を美しくする会－掃除に学ぶ会－という認定NPO法人がある。「トイレ掃除で心を磨く」という考え方に基づき、児童生徒が小中学校、高校でのトイレ掃除を行っている。京都の公立学校などでは、素手でトイレ掃除も行われており、そこには仏教的な修行と清貧の思想もあるようだ。

世界観に限りがある

ここでは「高等学校学習指導要領解説　公民編」（以下、高校学習指導要領解説）を手短に見てみよう。

「高等学校における道徳教育は、学校教育全体で展開するが、その中でも公民科の公共及び倫理、特別活動を『中核的な指導の場面』として重視して指導を行う」と位置付けられている。2018年に「高等学校学習指導要領　公民編」が出され、2022年度から公民が必修になった。

そこでは文科省が進めてきた「生きる力」、「主体的・対話的で深い学び」の実現に向けた授業改善の推進が述べられている。また、「子供たちが、学習内容を人生や社会の在り方と結び付けて深く理解し、これからの時代に求められる資質・能力を身に付け、生涯にわたって能動的に学び続けることができるようにするためには、これまでの学校教育の蓄積も生かしながら、学習の質を一層高める授業改善の取組を活性化していくことが必要である」としている。「生涯にわたって能動的に学び続ける」生涯学習の考えが述べられているが、それに必要なのは「授業改善の取組を活性化していく」だけでは不充分である。生涯学習のシステムが必要になるが、それは教育のみに止まらず、労働のあり方の改革、家庭での男女平等を進めることも必要になるだろう。社会全体を変えなければ、実現しないことである。

「高校学習指導要領解説」は、「公共的な空間に生きる人間は、様々な集団の一員としての役割を果たす存在であること、伝統や文化、宗教などを背景にして現代の社会が成り立っていることについても触れること」が必要であるとしている。「小学校学習指導要領解説」にもあった「伝統や文化、宗教」がここでも出てくる。

続けて「その際、例えば、祭りなどの、地域で受け継がれている伝統行事に生徒が企画や準備の段階から関わっている場面を取り上げ、自分たちが生活している社会が伝統や文化、宗教などに影響を受けていることの理解を基に、行事を継承することの意義について考察しながら、公共的な空間の中で地域の発展のために自らが果たす役割を考察したり、社会と関わる中で自らの役割の価値や自分と役割との関係を見いだしていくことの大切さについて理解したりできるようにすることが考えられる」とある。

つまり、「公共的な空間」には「伝統や文化、宗教」「祭り」「伝統行事」などが想定されていることがわかる。しかし、それらを「背景にして現代の社会が成り立っている」というのはどういうことなのかは不明だ。一つ明らかなのは、「公共的な空間」は自由で批判的な言論の空間ではないということだろう。

また、「公共的な空間」と「地域」は同一化され、それが「社会」になるようだ。「伝統行事に生徒が企画や準備の段階から関わっている」のは、参加であると言いたそうだ。それによって、「地域の発展のために自らが果たす役割の価値」「自らの役割の価値や自分との役割の関係」を見出していくとされているが、それも誘導的である。高校生がどう感じ、どう体験するかは様々でありうるが、道徳が「役割の価値」という価値に関わることを最初から決めている。体験のあり方を制限、規制しているのである。

フィンランドの教育では人は様々な集団に所属し、集団は可変的なのだが、日本では地域社会が強調される。それを「公共的な空間」とするのは、フィンランドの「人生観の知識」から見ると、一つの「世界観」であるだろう。しかし、他の多様な世界観は示されていない。与えられた一つの「世界観」の中で、自分の「人生観」を形成するように促すもの、あるいは与えられた一つの「世界観」を自分の「人生観」とするように促すものと言えるかもしれない。

「高校学習指導要領解説」では、根拠という言葉もよく使われている。例えば、次はその例で、二度出てくる。

「現実社会の事柄や、実際に生じている課題を取り上げ、根拠のある様々な意見を調整して集団として合意形成したり意思決定したりすることの大切さを理解できるようにし、その理由を考察することなどを通して、自分とは異なる価値観に基づく主張を傾聴したり、様々な立場に立って共感的に他者の思いを受け入れたりすることや、根拠を基に自分の考えを示したり自分の主張の必要性や重要性を説明したりするなど丁寧な対話を積み重ねることが不可欠」としている。

「根拠のある様々な意見を調整」「根拠を基に自分の考えを示したり自分の主張の必要性や重要性を説明」、また「丁寧な対話」もある。根拠と対話は、フィンランドの「人生観の知識」ほど強く主張されてはいないが、そうした方向性は示すものになっている。

また、主体という言葉がしばしば使われている。例えば「公共的な空間における基本的原理」

として「自主的によりよい公共的な空間を作り出していこうとする自立した主体となる」である。主体は、個人とも言い替えられると思われるが、日本の道徳は個人という言葉を嫌う。個人を避けて、主体という言葉を使っている可能性もある。

「法の支配、自由・権利と責任・義務など公共的な空間における基本的原理について理解すること」という記述もある。その場合の「公共的な空間」は、民主主義的な空間であるようだ。しかし、現実にそれはどこにあるのだろうか。根拠や対話、主体、法の支配、公共的な空間などの言葉は、置かれてはいるのだが、どこまで実効性を持つのか疑問に感じるのである。

教育と現実の乖離

2022年に、文科省の「生徒指導提要」が出された。生徒指導提要は、小学校から高校までの生徒指導の理論や考え方、実際の指導方法等をまとめ、生徒指導に関する学校・教職員向けの基本書として、2010年に作られた。その12年ぶりの改訂版である。

まえがきでは「いじめの重大事態や児童生徒の自殺者数の増加傾向が続いており、極めて憂慮すべき状況にある」ことが述べられている。

いじめを引き合いに出すのは、日本の道徳教育の常套手段である。小中学校での道徳教科化の理由の一つとして使われたのも、いじめ問題だった。文科省の「道徳教育アーカイブ」には、「いじめの問題に正面から向き合う道徳教育の展開」という項目もある。しかし、道徳によっていじめ問題が減るかのような位置付けに、実証的な根拠はあるだろうか。いじめには、より個別的で丁寧な対応が必要ではないのか、いじめは日本的な道徳教育で解決するような問題なのか、疑問は多い。

「生徒指導提要」の特徴は、道徳教育と生徒指導が強く結びついていることである。そこには「相互補完関係があること」「両者は一体的に働くものであること」が強調されている。具体的には次のように説明されている。

「道徳教育において児童生徒の道徳性が養われることで、やがて児童生徒の日常生活における道徳的実践がより確かなものとなり、ひいては自己実現にもつながるため、生徒指導が目指す『社会の中で自分らしく生きることができる存在へと児童生徒が、自発的・主体的に成長や発達することを達成できることになります。逆に、児童生徒に対する生徒指導が徹底されれば、児童生徒は望ましい生活態度を身に付けることになり、これは道徳性を養うという道徳教育のねらいを支えることになります。したがって、道徳教育で培われた道徳性を、生きる力として日常の生活場面に具現化できるよう支援することが生徒指導の大切な働きとなります」

「社会の中で自分らしく生きることができる存在へと児童生徒が、自発的・主体的に成長や発達することと」が、「児童生徒に対する生徒指導が徹底されれば」到達されるという主張である。それは、実は恐ろしいことではないだろうか。

「教員が児童生徒理解を深め、児童生徒との信頼的な人間関係を築くとともに、児童生徒が自主的に判断・行動し、積極的に自己を生かすことができることを目指して発達支持的生徒指導の充実を図ることは、自らの生き方と関わらせながら学習を進めていく態度を身に付け、道徳科の授業を充実させることにつながります」ともある。

発達支持的生徒指導というのは、教員と児童生徒の間に築かれる人間関係に基づいた指導である。そのような狭い人間関係にする根拠は何か、教員との間に信頼的な人間関係を築くことはできるのか、どういう教育理論に基づいているのか疑問が残る。

次のような説明もある。

「学級内の人間関係や環境の整備、望ましい道徳科授業の雰囲気の醸成　児童生徒の人間関係を深める（発達支持的生徒指導）とともに、一人一人の悩みや問題を解決（困難課題対応的生徒指導）したり、柔軟に教室内の座席の配置やグループの編成を弾力化（課題予防的生徒指導）したりするなどの指導によって、道徳科の授業を充実させることができます」

ここでは「発達支持的生徒指導」に加え、「困難課題対応的生徒指導」「課題予防的生徒指導」という専門用語が使われている。しかし、「課題予防的生徒指導」というのは、「柔軟に教室内の座席の配置やグループの編成を弾力化」という程度のことを指すようだ。クラスの中で、同じクラスのメンバーと共に、先生を中心にしての道徳の授業であるだろう。それは、「学級づくり」や集団主義という「日本型学校教育」の中で行われるのだ。

こうした生徒指導からは、「行き過ぎた指導」や「指導死」という言葉が思い浮かぶ。「行き過ぎた指導」は大声での叱責、長時間の拘束、体罰などを意味する。「指導死」は、教師の行き過ぎた指導によって起こる死である。追い詰められた生徒の自殺も多い。子どもの人権がない、真っ当なペダゴジーがない、権威主義的な教育などに理由があるだろうが、道徳の授業そのものに問題でもあるのではないか疑問を感じるのだ。

「生徒指導提要」は、学習指導要領で示される次の道徳科の授業内容を「そのまま発達支持的生徒指導につなぐことができ」るとしている。

・自主的に判断し、誠実に実行してその結果に責任を持つこと
・思いやりの心や感謝の心を持つこと
・相互理解に努めること

・法や決まりの意義を理解し、その遵守に努めること
・公正公平な態度で、いじめや差別、偏見のない社会の実現に努めること
・主体的に社会の形成に参画し、国際社会に生きる日本人としての自覚をもつこと
・生命の尊さを理解し、かけがえのない自他の生命を尊重すること
・自然を愛護し人間の力を超えたものに対する畏敬の念を深めること　など

これは、小学校の道徳で言われているものとほぼ同じである。高校のレベルでも同様のことが繰り返されていることになる。

「生徒指導提要」は、高校における道徳教育について、次のように書いている。

「学校の教育活動全体を通じて、生徒が人間としての在り方生き方を主体的に探求し豊かな自己形成を図ることができるよう、適切な指導を行うこととされています。その際、生徒が、答えが一つではない課題に誠実に向き合い、それらを自分のこととして捉え、他者と協働しながら自分の答えを見いだしていく思考力、判断力、表現力等や、これらの基になる主体性を持って多様な人々と協働して学ぶ態度を身に付けることが目指されます」

ここに人権や批判的思考はないが、「日本型学校教育」の文脈で、理想的な理念として書かれた

ものであるだろう。しかし、道徳教育と生徒指導が結びついた現実とは乖離している。相容れないことを主張するのが、日本の道徳教育の特徴の一つとも言えるようだ。

G7との整合性

一方、日本の道徳教育が、外国の教育思想との整合を図ろうとすることもある。中央教育審議会は、2016年に倉敷で行われたG7教育大臣会合について、次のように書いている。

「共通価値である生命の尊重、自由、寛容、民主主義、法の支配、人権の尊重について未来の世代が確実に学び、理解する重要性を再確認するとともに、こうした共通価値に基づいて、よい〝シティズンシップ〟を育成する教育実践を推進することについて合意」された。

あたかも、G7として道徳教育に関する考え方を共有するかのようである。しかし、「生命の尊重、自由、寛容、民主主義、法の支配、人権の尊重について未来の世代が確実に学び、理解する重要性を再確認する」のであって、現在のこととしては捉えられていないようだ。また、子どもの権利条約が実施され、子どもの権利が保証されていなければ、シティズンシップ教育は不可能である。

同じ文書では、道徳との関係で「OECDキーコンピテンシー」の考えが紹介されている。それは「単なる知識や技能ではなく、人が特定の状況の中で技能や態度を含む心理社会的な資源を引き出し、動員して、より複雑な需要に応じる能力とされる概念」であるという。

しかし具体的に、ある高校の「道徳教育の充実のための取り組み例」として挙げられているのは、「校訓をもとにしたキャラクターの作成（心美ちゃん）（体健くん）」、校訓を元にした短歌コンテスト、「挨拶プラス1（挨拶に加えて、一言声をかけることにより、自己肯定感を高める積極的な生徒指導）」、校訓を使った自己チェック（礼儀、感謝、思いやり、奉仕、友情、悪口・陰口を言わない、いじめをしない）などである。日本の学校で道徳というのは、このようなことでしかないようだ。

しかし、そうした取り組みによって「自分には良いところがあると思う」生徒、また「自校の道徳教育は充実していると思う」教員が増えるという成果があったという。道徳とは、校訓を実践することであり、それによって改善されるものが、数字で示すことができるかのように捉えられているのがわかる。

ここまで違う日本とフィンランドの教育

こうしてフィンランドの「人生観の知識」との比較の視点を持ちつつ概観してみると、日本の道徳教育は未知の知に導き思考するものではなく、最初から決まった目的の中で回るものであることがわかる。フィンランドの「人生観の知識」が、広くて深い知、新しい知、自分自身の知への飛翔を誘うのに対し、日本の道徳は硬い壁と天井の空間に子どもを囲うようだ。それが子どもたちから奪うものは大きい。問題をまとめると次のようになるだろう。

・社会理論や心理学、政治学、哲学、歴史などへの言及が無く、何を根拠にした主張なのかわからない。根拠は文科省や教育委員会、学校、先生ということになるのだろう。それは権威主義であり、「きまりだから」という考え方にも通じる。
・自分が受ける教育について、なぜそういう教育を受けるのか、その意図は何かを考える視点、相対化する視点、また批判的思考を促すものがない。選択できる視点がない。
・子どもの権利が認められておらず、平等が社会的コンセンサスを得られていない状況で、道徳教育はできない。
・道徳で言われることと、現実の学校や社会が一致していない。子どもにだけ道徳を求めている。
・教育と宗教の関係が明確にされていない一方、宗教的なものが道徳に紛れ込んでいる。

日本の道徳教育を受けてしまった人はどうすれば良いだろうか。もし、その問題に気づいたら一歩前進したと言えるのではないだろうか。「学び落とす（unlearning）」という言葉がある。一度学び内面化したことを振り落として、知識を更地に戻すことを指す。必要なのは、まさにそれかもしれない。自分を抑制しようとするもの、してきたものを振り落とす。そこから学び直して、新しい知を求めていけるだろう。

もし、子どもが受けている道徳教育に疑問を感じたら、他の保護者と話す、先生に伝える、教育委員会に伝える、ソーシャルメディアで発信するなどの方法もあるだろう。実際に、ソーシャルメディアでそうした問題を訴え話し合っている保護者は多い。

こうした現状であることはとても残念だが、それを認識し、変えるように求めていくことも必要ではないだろうか。

結び

本書では、フィンランドの高校の「人生観の知識」の教科書、最初の2巻から一部を見た。それはほんの一部に過ぎないのだが、非常に幅広い視野から、様々な視点と知見が提供されていることを感じていただけたらと思う。「私」とは誰か、から出発し、学校、人間関係、仕事、経済、社会、文化、政治、世界へと視線を広げる。扱われる課題はここで取り上げただけでもアイデンティティ、セクシュアリティ、教育、宗教、ヒュマニズム、民主主義、政治参加、メディア、哲学、環境、歴史、人権、将来などとても幅広い。紹介されるのも、社会学者や哲学者からポピュラーライターまで多様だ。

そこに底通するのは、自分自身の人生観や道徳に基づいて行動することのススメである。自分自身の人生観や道徳を持つと、自分を裏切るような言動をしなくなる。つまり、様々に影響しようとする力や同調圧力に揺らいで、他人の意のままになったり、従属したりすることがない。

ただし、自分自身の道徳に基づいて行動すると言っても、自分中心であってはならない。利他主義やエンパシーの重要性も説かれている。「人生観の知識」は個人主義的と言えるが、個人は常に社会の中の個人であり、多様な人や集団との関わりによって自分になっていく。その過程で大切なのは、なぜそう考えるのかという根拠や批判的思考、対話である。

自分という人は一人しかいないのだから、自分の人生観や道徳は人とは違うものになる。自分自身の人生観を持って、自分らしい人生を生きていくこと。責任ある消費者、かつ政治的主体になること。それは、自分の信念を持って生きる、と言い換えることもできるだろう。それを励まし力づけていて、日本の教育との大きな違いを感じさせられる。

自分の人生観や道徳は、一度形成されて終わるのではない。新しい知識を得たり、人と対話したり、様々な経験を経たりして、人生の途上で変わっていく。それは変わることに開かれた態度であるだろう。ただし、必ずしも全ての人が、自分自身の人生観や道徳を持つわけではない。一般的な世界観を自分の人生観にする人もいる。しかし、それもその人のあり方だ。異なる人に対する寛容性が高く、また、親だからといって、子どもに過干渉しないフィンランド流子育てには、こうした考え方の影響があるだろう。

また、そこに付随するのは、自分自身の人生観を持って、良い人生を自分らしく生きていくことを保証するのは国家の責任という考え方である。国家には、貧困や格差、不平等を生まないような社会制度を提供する責任があり、それは様々な形の社会政策や社会保障になる。教育費や18歳以下の子どもの医療が無償なのは、こうした考え方による。個人の責任は、多額の自己負担によって教育を受けたり、苦労して権利を獲得したりすることではなく、提供されるものを選び、自立した人になることである。こうした考え方は、フィンランドが１９６０年代に福祉国家化していく時の基盤にあったが、歴史的にはより古く、１８００年代に遡る。

ただし、そうした社会思想は時代や政権によっては、後退することもある。良い例は、２０２３年に発足した、１９３０年以来最右翼とされる現内閣だ。現内閣は、緊縮財政や社会保障縮小を進め、福祉国家からの転換を図ろうとしている。見えてくるのは、社会格差や経済格差の広がりと、それを自己責任とする新自由主義的な未来である。そうした方向転換に抵抗するためにも、批判的思考と政治的なリテラシーを持ち、行動し、民主主義を維持していく市民を育てることの重要性がひしひしと感じられる。教科書が数年に一度の選挙による代表制民主主義ではなく、子どもや若者も参加し、公開討論や対話を重視する参加民主主義を説くのはそのためだ。

「人生観の知識」は、リベラル、あるいはラディカルでさえある方向性を持ち、社会正義やグローバルな正義を目指すものでもある。最近、日本は右傾化し、リベラルを嫌うアンチ・リベラルの声が高い。また、「自立した個人」などヨーロッパ近代や啓蒙主義が生んだ概念を嫌う傾向もあるが、この教科書からはリベラルであることの真っ当さが伝わってくる。

人生観の知識の内容と視点は、フィンランドの教育庁の教育計画に沿ったもので、ソーシャルスタディーズなど他の科目の内容とも整合性がある。「人生観の知識」を選択するのは少数派なのだが、教育庁の教育方針が一貫しており、その質の高さには感心するしかない。最も感心するのは、教育が知的なことだ。しかし、教育が知的なのは当然であるべきことではないだろうか。

翻って日本の道徳教育や主権者教育を見ると、その不備や弊害の大きさが目立つ。批判的思考や対話の重要性、参加民主主義などは教えていない。また、子どもの権利も認めていない。文科省が、世界の教育の潮流とは乖離した日本の教育を「令和の日本型学校教育」と呼んでいることも、もっと問題化されて良いのではないだろうか。

宗教的な課題を非宗教的に学ぶ「人生観の知識」は、世俗的な知のあり方を語るものとして読むこともできる。宗教の代替となる観点は、科学とヒュマニズムである。教科書には、ホモ・サピエンス（賢い人）とホモ・ルーデンス（遊ぶ人）、ホモ・エコノミクス（経済人）という言葉が出てくるのだが、政治活動についての多様な説明からは、ホモ・ポリティクス（政治の人）という人間観も浮かび上がる。

宗教的な課題を非宗教的に学ぶ「人生観の知識」は、しかし反宗教ではない。旧約聖書の「創世記」に描かれる世界像を信じ、ダーウィンの生物進化論に反対する考えは否定するが、それ以外の多くの点で宗教的観点を否定はせず、むしろそれを一つの世界観として捉えている。

実は、「人生観の知識」は宗教的観点と背中合わせであり、キリスト教の観点を基盤に持っていることも見えてくる。宗教的観点を修正し、異なる問いや根拠によって批判的に考える。さらに宗教的観点は、現在の様々な社会問題を考える時にも応用できる柔軟性や汎用性を持っている。セクシュアリティや環境、消費、安楽死、フェイクニュース、動物の権利、持続可能な将来なども論じられる所以である。それは新しい課題というより、これまでの知や思考の延長線上にあるものだ。その意味で、「人生観の知識」が提供する観点は、宗教より広く寛容と言えるかもしれない。

「人生観の知識」は、宗教と非宗教を二項対立として捉えるのではなく、どちらも「世界観」として理解する視点でもある。それは、宗教を何か特別のものとはしない、相対的な視点でもあるだろう。

私は東京で生まれ、小中学校は区立、高校は私立女子校に通ったが、自分が受けた教育への疑問と嫌悪から日本の教育に批判的になった。幸い息子は、フィンランドで教育を受けることができた。私は、それを息子への最高のプレゼントと思っている。息子は「フィンランドの学校に嫌な人はいたけど、嫌だったことは思いつかない」と言う。皆を好きになることはできないし、嫌いな人もいるだろう。しかし、嫌だったことが何もなかったというのは、すばらしいことではないだろうか。

親としては、学校行事などに煩わされることもなく、ストレスもなくて楽だった。経済的な心配をする必要もなかった。フィンランドの子育てから学んだ最も大きなことは、子どもに干渉しすぎないこと、その子を尊重することだと思う。子どもには、子どもの考えや人間関係があって親の所有物ではない。子どもを意のままにしようとしてはならない。子どもが、自分の望むようにはならなかったということは、実はとても豊かなことではないだろうか。それは、親の想像力や思考の限界を超えて、子どもが成長したということなのだから。

参考文献

日本語文献

岩竹美加子、『フィンランドの教育はなぜ世界一なのか』、新潮新書、２０１９年。

大内裕和、『なぜ日本の教育は迷走するのか：ブラック化する教育２０１９-２０２２』、青土社、２０２２年。

カバナス・エドガー＆エヴァ・イルーズ著、高里ひろ訳、『ハッピークラシー――「幸せ」願望に支配される日常』、みすず書房、２０２２年。

カント、中山元訳、『永遠平和のために／啓蒙とは何か 他3編』、光文社古典新訳文庫、２００６年。

桜井智恵子、『子どもの声を社会へ　子どもオンブズの挑戦』、岩波新書、２０１２年。

桜井智恵子、『教育は社会をどう変えたのか　個人化をもたらすリベラリズムの暴力』、明石書店、２０２１年。

将基面貴巳、『従順さのどこがいけないのか』、ちくまプリマー新書、２０２１年。

将基面貴巳、『愛国の起源：パトリオティズムはなぜ保守思想となったのか』、ちくま新書、２０２２年。

俵義文、『戦後教科書運動史』、平凡社新書、２０２２年。

永原慶二、『歴史教科書をどうつくるか』、岩波書店、２００１年。

納富信留、「知るということ― 不知と懐疑からの考察」、西日本哲学年報、16巻（２００８年）、１４７-１６３頁。

原田実、『オカルト化する日本の教育』、ちくま新書、２０１８年。

広田照幸、『《愛国心》のゆくえ　教育基本法改正という問題』、世織書房、２００５年。

本田由紀、『教育は何を評価してきたのか』、岩波新書、２０２０年

本田由紀、『「日本」ってどんな国？――国際比較データで社会が見えてくる』、ちくまプリマー新書、２０２１年。

山本芳久、『世界は善に満ちている　トマス・アクィナス哲学講義』、新潮選書、２０２１年。

山脇直司、『社会思想史を学ぶ』、ちくま新書、２００９年。

四本裕子、「わたしたちはジェンダー・ステレオタイプに慣れすぎている」、『英治出版オンライン』、２０２０年4月6日。(https://eijionline.com/n/na333fc832278)

四本裕子、「社会における心理学の誤用とどう向き合うか」、『公益社団法人日本心理学会』、２０２３年。(https://psych.or.jp/publication/world096/pw03/)

行政関係資料、その他

厚生労働省、「リカレント教育」。(https://www.mhlw.go.jp/stf/newpage_18817.html)

総務省、文科省、「私たちが拓く日本の未来　有権者として求められる力を身に付けるために」。(https://www.soumu.go.jp/main_content/000815495.pdf)

自由民主党広報委員会出版局、『日本型福祉社会（自由民主党研修叢書 8）』、１９７９年。

中央教育審議会、「道徳教育を通じて育成すべき資質・能力と高等学校の道徳教育について」、『平成28年6月9日　中央教育審議会教育課程部会　考える道徳への転換に向けたＷＧ資料４』、２０１６年。

内閣府、「特集　今を生きる若者の意識～国際比較からみえてくるもの～」『平成26年版　子ども・若者白書』。
認定ＮＰＯ法人 日本を美しくする会―掃除に学ぶ会―、（https://www.souji.jp/）
日本弁護士連合会、「国際人権規約の活用と個人申立制度の実現を求める宣言」、１９９６年10月25日。（https://www.nichibenren.or.jp/document/civil_liberties/year/1996/1996_4.html）
文部科学省、「日本の子供たちの自己肯定感が低い現状について（文部科学省提出資料）」平成28年。
文部科学省、「小学校学習指導要領（平成29年告示）解説　特別の教科　道徳編」。（https://www.mext.go.jp/content/220221-mxt_kyoiku02-100002180_002.pdf）
文部科学省、「中学校学習指導要領（平成29年告示）解説　特別の教科　道徳編」。（https://www.mext.go.jp/content/220221-mxt_kyoiku02-100002180_004.pdf）
文部科学省、「高等学校学習指導要領（平成30年告示）解説　公民編」。（https://www.mext.go.jp/content/20211102-mxt_kyoiku02-100002620_04.pdf）
文部科学省、「高校生のライフ・プランニング」、平成30年。（https://www.mext.go.jp/component/a_menu/education/micro_detail/__icsFiles/afieldfile/2018/11/21/1411248_0_0.pdf）
文部科学省、「諸外国における教科書制度について」。（https://www.mext.go.jp/content/20201111-mxt_kyokasyo01-000010983_04.pdf）
文部科学省、「学習指導要領の趣旨の実現に向けた 個別最適な学びと協働的な学びの一体的な充実に関する 参考資料（令和３年３月版）」、『令和３年４月28日 第１２３回教育課程部会 資料５－１』。（https://www.mext.go.jp/content/210330-mxt_kyoiku01-000013731_09.pdf）
文部科学省、「生徒指導提要」、令和４年12月。
文部科学省、「道徳教育アーカイブ　～『特別の教科　道徳』の全面実施～」。（https://doutoku.mext.go.jp/html/basic.html#mextdoc）
文部科学省、「『早寝早起き朝ごはん』国民運動の推進について」。（https://www.mext.go.jp/a_menu/shougai/asagohan/）

日本語ニュース

朝日新聞、「防衛省、芸能人らインフルエンサー１００人に接触計画　予算増狙い」、２０２１年９月17日。（https://www.asahi.com/articles/ASP9J5FV0P9HUTFK01J.html）
朝日新聞、好書好日、「なないろさんの絵本『ちくちくとふわふわ』言葉の持つイメージを親しみやすいキャラクターに」、２０２２年５月２日。（https://book.asahi.com/article/14601031）
朝日新聞（耕論）、「君が代、歌わせたいのは」、２０２３年10月11日。（https://digital.asahi.com/articles/DA3S15763459.html?ptoken=01HCE2VH1Y7JWTKEDGZK9M85YA）
朝日新聞、「高校生の就職ルールが変わる『１人１社』を見直し早期離職を防ぐ」、２０２４年３月５日。（https://www.asahi.com/articles/ASS347JYXS34UJHB00C.html）
ＮＨＫ首都圏ナビ、「東京都 ２０２４年度から『授業料無償化』どんな制度？ 対象は？」、２０２４年１月23日。（https://www.nhk.or.jp/shutoken/wr/20240123a.html）
ＮｕｍｂｅｒＷｅｂ、「『好んで坊主なのに…なぜダメって言うんでしょうか』神村学園の熱血監督が本音…スマホ使用ルール、全寮制の生活『それでも高校野球に捧げる理由』」、２０２４年３月22日。（https://number.bunshun.jp/articles/-/860978）
東京新聞、「石原慎太郎都政の『日の丸・君が代強制』から20年　『モノ言えぬ』教育現場に人は集まるのか」、２０２３年10月24日。（https://www.tokyo-np.co.jp/article/285542）

東京新聞、「Ｄａｐｐｉ裁判で立民議員の勝訴確定…でも『黒幕』は逃げきった　「会社ぐるみ」と認定されても控訴せず」、２０２３年11月１日。(https://www.tokyo-np.co.jp/article/287201)
東京新聞、「日の丸・君が代強制、国連の是正勧告が1年半も『放置状態』なのはなぜかそこに安倍政権の影響を見た」、２０２４年６月６日。(https://www.tokyo-np.co.jp/article/331743)
東京新聞、「外苑再開発へ、これが東京都の本音か　『住民協議が不十分』国連の指摘に日本政府の名で全文削除を要求」、２０２４年６月13日。(https://www.tokyo-np.co.jp/article/333152)
日本経済新聞、「小中校舎、老朽化で不具合２万２０００件　全国公立、外壁落下など」２０２２年８月９日。(https://www.nikkei.com/article/DGKKZO63293380Z00C22A8CE0000/)
日本経済新聞、「名目ＧＤＰ、ドイツに抜かれ４位　23年４兆２１０６億ドル」、２０２４年２月15日。(https://www.nikkei.com/article/DGXZQOUA14ABI0U4A210C2000000/)
日本経済新聞、「『令和の金の卵』高校生就活スタート　求人倍率は最高水準」、２０２４年７月１日。(https://www.nikkei.com/article/DGXZQOUC010X50R00C24A7000000/)
毎日新聞、「小学校から教える『批判的思考』　偽情報はねのけるフィンランドの教育」、２０２１年12月29日。(https://mainichi.jp/articles/20211227/k00/00m/030/325000c)
読売新聞、「志願者減る教員採用試験、免許持たない社会人・大学３年生にも門戸拡大」、２０２３年７月18日。(https://www.yomiuri.co.jp/kyoiku/kyoiku/news/20230718-OYT1T50058/)

フィンランド語・英語文献

Apell, Laura, Antti Kajas, Heidi Meltovuo, Marja Oilinki, Jani Tiirikainen, eds. 2022a. Minä ja hyvä elämä (LOPS 2021). Studeo. (https://www.studeo.fi/product/et1-mina-ja-hyva-elama-lops-2021/)
Apell, Laura, Antti Kajas, Heidi Meltovuo, Marja Oilinki, Jani Tiirikainen, eds. 2022b. Minä ja yhteiskuta (LOPS 2021). Studeo. (https://www.studeo.fi/product/et2-mina-ja-yhteiskunta-lops-2021/)
Hill,Nichlas,Svend Brinkmann,Anders Pestersen, eds.2020.Critical Happiness Studies.Rovtledge.
Keltikangas-Järvinen, Liisa. 2010. Sosiaalisuus ja sosiaaliset taidot, WSOY.
Kuusela, Anssi and Ilkka Niiniluoto. 1990. Lukion elämänkatsomustieto – kurssi.2. Tiero hyrän elämän perusta Kouluhallitus.
Koselleck, Reinhart. 1985. Futures Past. On the Semantics of Historial Time. Columbia University Press.
Koselleck, Reinhart. 1988. Critique and Crisis. Enlightenment and the Pathogenesis of Modern Society. Berg.
Law, Stephen. 2011. Humanism: A Very Short Introduction. Oxford University Press.
Leppänen, Mari. Me olemme kaikki turvapaikanhakijoita. Helsingin Sanomat. 2023.2.14
Niiniluoto, Ilkka. 1984. Tiede, Filosofia ja maailmankatsomus. Otava.

Niiniluoto, Ilkka. 2015. Hyvän elämän filosofiaa. Suomalaisen kirjallisuuden seura.
Niiniluoto, Ilkka and Juha Sihvola, eds. 2005. Nykyajan etiikka. Keskusteluja ihmisesstä ja yhteisöstä. Gaudeamus.
Peltomaa, Harri. 2019. Lukion Elämänkatsomustieto : Kulttuurit katsomuksen muovaajina（ET4）, Opintoverkko.
Peltomaa, Harri. 2019. Lukion Elämänkatsomustieto : Katsomusten maailma（ET5）, Opintoverkko.
Peltomaa, Harri and Elisa Vehmanen, eds. 2017. Lukion Elämänkatsomustieto. Kurssi 2. Opintoverkko.
Sinnemäki, Kaius, Anneli Portman, et al, eds. 2019. On the Legacy of Lutheranism in Finland. Finnish Literature Society.
Stanford Encyclopedia of Philosophy, Existentialism. Stanford University.（https://plato.stanford.edu/entries/existentialism/）
Sustainable Development Sollution Network. 2024.World Happiness Report.
World Economic Forum. 2024. Global Gender Gap 2024.

フィンランド語政府関係、その他英語文献

Finnish Government. 2021. Education Policy Report of the Finnish Government. Publications of the Finnish Government 2021:64.
Kansalaisaloite.fi,（https://www.kansalaisaloite.fi/fi）
Opetushallitus. Elämänkatsomustiedon opetus käytännös（https://www.oph.fi/fi/koulutus-ja-tutkinnot/elamankatsomustiedon-opetus-kaytannossa）
Opetushallitus, 2019. Lukion opetussuunnitelman perusteet 2019.
Opetushallitus. Lukion opetussuunnitelman perusteet. Pähkinänkuoressa.
Opetushallitus. Miina ja Ville. Opettajan aineisto. Mailmankuva, maailmankatsomus ja elämänkatsomusç（https://www.oph.fi/fi/oppimateriaali/miina-ja-ville-opettajan-oppaita/miina-ja-ville-etiikkaa-etsimassa-25）
Opetushallitus. Tietoa lukion opetussuunnitelman perusteiden uudistumisesta.（https://www.oph.fi/fi/koulutus-ja-tutkinnot/tietoa-lukion-opetussuunnitelman-perusteiden-uudistumisesta）
Opetushallitus. Salaliittoteoriat eivät ole harmitonta hauskaa. 2021.1.22.（https://www.oph.fi/fi/blogi/salaliittoteoriat-eivat-ole-harmitonta-hauskaa）
United Nations. Human Development Report 2023-2024.
United Nations. Human Rights Council, 2023.12.28（https://www.ohchr.org/en/hr-bodies/upr/jp-index）
Valtioneuvosto. PISA-lasku haastaa koulun ja yhteiskunnan. 2023.12.28（ https://valtioneuvosto.fi/-//1410845/pisa-lasku-haastaa-koulun-ja-yhteiskunnan）

青春新書
INTELLIGENCE

こころ涌き立つ「知」の冒険

いまを生きる

〝青春新書〟は昭和三一年に――若い日に常にあなたの心の友として、その糧となり実になる多様な知恵が、生きる指標として勇気と力になり、すぐに役立つ――をモットーに創刊された。

そして昭和三八年、新しい時代の気運の中で、新書〝プレイブックス〟にその役目のバトンを渡した。「人生を自由自在に活動《プレイ》する」のキャッチコピーのもと――すべてのうっ積を吹きとばし、自由闊達な活動力を培養し、勇気と自信を生み出す最も楽しいシリーズ――となった。

いまや、私たちはバブル経済崩壊後の混沌とした価値観のただ中にいる。その価値観は常に未曾有の変貌を見せ、社会は少子高齢化し、地球規模の環境問題等は解決の兆しを見せない。私たちはあらゆる不安と懐疑に対峙している。

本シリーズ〝青春新書インテリジェンス〟はまさに、この時代の欲求によってプレイブックスから分化・刊行された。それは即ち、「心の中に自らの青春の輝きを失わない旺盛な知力、活力への欲求」に他ならない。応えるべきキャッチコピーは「こころ涌き立つ〝知〟の冒険」である。

予測のつかない時代にあって、一人ひとりの足元を照らし出すシリーズでありたいと願う。青春出版社は本年創業五〇周年を迎えた。これはひとえに長年に亘る多くの読者の熱いご支持の賜物である。社員一同深く感謝し、より一層世の中に希望と勇気の明るい光を放つ書籍を出版すべく、鋭意志すものである。

平成一七年　　刊行者　小澤源太郎